PERSUASÃO NA PUBLICIDADE

PERSUASÃO NA PUBLICIDADE

33 TÉCNICAS PSICOLÓGICAS DE CONVENCER

ANDREWS, VAN LEEUWEN & VAN BAAREN

GG®

Título original: *Hidden Persuasion. 33 Psychological Influence Techniques in Advertising.*
Publicado originariamente por BIS Publishers em 2013

Projeto gráfico: andrews:degen, Amsterdã
Fontes: The Sans, Ingeborg

Tradução: Márcia Longarço
Preparação de texto e revisão técnica: Maria Luisa de Abreu Lima Paz
Revisão de texto: Solange Monaco
Design da capa: Toni Cabré/Editorial Gustavo Gili, SL

Impresso na Polônia
ISBN: 978-85-8452-062-6

Editorial Gustavo Gili, SL
Via Laietana, 47 2º, 08003 Barcelona, Espanha.
Tel. (+34) 93 3228161

Editora G. Gili, Ltda
Av. José Maria de Faria, 470, Sala 103,
Lapa de Baixo
CEP: 05038-190, São Paulo-SP, Brasil.
Tel. (+55) (11) 3611 2443

Dados Internacionais de Catalogação na Publicação (CIP)
(Câmara Brasileira do Livro, SP, Brasil)

Andrews, Marc; Van Leeuwen, Matthijs; Van Baaren, Rick
Persuasão na publicidade : 33 técnicas psicológicas de convencer / Marc Andrews, Matthijs van Leeuwen, Rick van Baaren ; [tradução Márcia Longarço]. -- São Paulo : Gustavo Gili, 2016.

Título original: Hidden persuasion : 33 psychological influence techniques in advertising.
ISBN 978-85-8452-062-6

1. Comunicação visual 2. Persuasão (Psicologia) 3. Publicidade - Aspectos psicológicos I. Leeuwen, Matthijs Van. II. Baaren, Rick Van. III. Título.

16-00350 CDD-659.1

Índices para catálogo sistemático:
1. Publicidade 659.1

DEDICADO A VOCÊ,
CONSUMIDOR

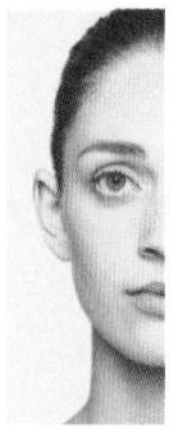

A publicidade está presente por toda parte em nossa rotina diária. Somos expostos a centenas, ou até mesmo milhares de mensagens visuais persuasivas todos os dias – mensagens que tentam constantemente nos convencer a sentir, acreditar, agir, comprar e mudar a nós mesmos, atingindo-nos a todo momento e em todo e qualquer tipo de ambiente público ou privado, tanto on-line como off-line. Felizmente, não temos a capacidade de processar toda essa enorme carga de informações de modo consciente. Mesmo assim, algumas dessas mensagens visuais desenvolvidas com todo o cuidado e atenção conseguem afetar nossas atitudes e comportamentos mais do que outras, na maioria das vezes de maneira inconsciente. Qual é a força persuasiva que se esconde por trás delas?

Por que somos influenciados a comprar um produto em detrimento de outro? Como somos instigados a agir e viver de modo mais sustentável? Como somos convencidos a adotar um estilo de vida mais saudável?

Ao longo de todo este livro, vamos analisar a publicidade muito além do poder persuasivo de suas imagens, examinando as técnicas e conceitos existentes por trás de suas dimensões visual e estética, decodificando-a com base na perspectiva psicológica e revelando os códigos inconscientes ocultos que influenciam as decisões que tomamos no nosso cotidiano.

Apresentamos aqui **33 técnicas de influência social** desenvolvidas a partir da mais recente pesquisa realizada sobre persuasão e aceitação, desde as técnicas básicas até as mais obscuras e insidiosas, descrevendo os processos e técnicas subjacentes que direcionam nossas decisões, comportamentos e crenças. Percorrendo as páginas deste livro, o leitor aprenderá lições importantes sobre como os meios visuais são construídos de forma a influenciar as pessoas no nível do inconsciente.

No âmbito da influência social, existem diversas técnicas que podem conduzir as pessoas em uma determinada direção desejada e que têm sua origem principalmente nos domínios da retórica, da obediência e nas vendas face a face. E, desse jardim secreto, selecionamos aquelas que formam a espinha dorsal da publicidade eficiente.

Hoje, pela primeira vez, apresentamos uma publicação que expõe uma visão clara das técnicas de influência social usadas na publicidade, enriquecida com muitos exemplos e ilustrações. Os comerciais e as propagandas sociais selecionados ilustram o emprego dessas técnicas visualmente, o que ajuda o leitor a compreender como esses conceitos um tanto quanto abstratos são aplicados na comunicação visual.

Este livro foi concebido para ser uma fonte de referência moderna e acessível para a criação e compreensão do imaginário visual persuasivo, o que o torna um recurso muito importante e abrangente para uma grande variedade de pessoas com diferentes interesses.

Depois de ler este livro, você encarará a publicidade de uma perspectiva diferente, seja você um profissional da área de comunicação, de market-ing, um diretor de arte, um designer, empresário, gerente, comerciante, estudante ou, simplesmente, um consumidor – como qualquer um de nós! No final das contas, somos todos persuasores e objetos da persuasão.

Este livro abrirá seus olhos para os truques do ofício – isso nós podemos garantir!

Três necessidades

As técnicas relacionadas neste livro se baseiam em três categorias de nossas necessidades mais básicas – a fonte de nossa vulnerabilidade para a persuasão oculta. Quando os publicitários empregam as imagens e a linguagem que exploram tais necessidades, o público se vê incapaz de resistir totalmente ao poder persuasivo da mensagem.

1. Necessidades sistêmicas

Nosso sistema cognitivo evoluiu a partir do organismo unicelular mais simples para o cérebro desenvolvido que usamos hoje nas análises conscientes que fazemos, na linguagem e na autorreflexão. Entretanto, ainda temos enraizados atalhos mentais programados que desencadeiam comportamentos além do nosso controle, por exemplo, a reação de medo e fuga que vivenciamos quando vemos um animal predador vindo em nossa direção. As propagandas que visam acionar esses processos automáticos conseguem atingir seu objetivo antes mesmo que a informação se torne inteligível para uma deliberação consciente. Esta é a necessidade mais básica e incontrolável das três.

2. Necessidades sociais

Os seres humanos são animais sociais; todos queremos ser amados e respeitados tanto por amigos como por estranhos. No passado, e de forma discriminadora, ser banido do grupo constituía um grande perigo aos indivíduos e esse medo da exclusão social ainda persiste no homem moderno. As outras pessoas e suas opiniões, comportamentos e aparência continuam sendo alguns dos mais importantes estímulos que recebemos e exercem forte influência em nossos pensamentos, motivações e comportamentos. Como nunca antes, neste mundo altamente exigente e tirânico em termos de informação, é nos outros que buscamos nosso próprio direcionamento, muito embora acreditemos piamente que sejamos indivíduos livres. Assim, os publicitários não encontram a menor dificuldade em explorar nossas necessidades de inclusão social e adequação.

3. Necessidades do eu

Em terceiro lugar, temos as necessidades que normalmente "sentimos" como sendo as mais importantes: nossas necessidades de interesse pessoal. Evitamos a dor e batalhamos pelo prazer; desejamos ter saúde, boa comida, uma renda estável e, acima de tudo, segurança. De maneira consciente, procuramos tomar as "melhores" decisões para que em nosso futuro nos sintamos felizes e fora de perigo (física e psicologicamente). As propagandas satisfazem esta última necessidade empregando técnicas que ajudam a projetar a ilusão de um futuro seguro e pleno, sem preocupações.

Como usar

Leia o livro do início ao fim, pule de uma técnica para outra ou simplesmente explore os anúncios e suas legendas explicativas. Não há uma forma certa ou errada de se fazer isso; é só mergulhar e se surpreender! Para começar, aqui está uma visão geral das informações que você encontrará.

Nome e número da técnica

Ícone
Indica qual das três necessidades (do eu, social ou sistêmica) a técnica emprega.

17
ASTROTURFING
A prova social falsa é usada para criar uma impressão de apoio popular

Originalmente, o termo *astroturf* se refere ao gramado sintético que é quase sempre encontrado em campos de esportes. A técnica do astroturfing consiste em criar a ilusão de que pessoas parecidas com você (das bases, do povo) apoiam uma ideia ou um produto específico. A prática é mais empregada do que se costuma acreditar e um sinal concreto de que as empresas sabem, exatamente, com que frequência você observa os outros em busca de uma orientação para suas próprias opiniões e comportamentos. Este método é empregado especialmente no mundo on-line, quase sempre para influenciar o processo de decisão.

Alguns especialistas estimam que um terço de todos os comentários feitos por consumidores é falso – por exemplo, patrocinado por partes interessadas. O recente aparecimento de um software avançado de "*persona management*" (que cria pseudônimos, perfis e localizações falsas, mas convincentes) torna cada vez mais difícil identificar quem é real no ciberespaço. Hoje, algumas empresas engenhosas oferecem resenhas de livros positivas no site da Amazon e em outros mercados on-line. As "curtidas" digitais no Facebook e os "seguidores" no Twitter podem, literalmente, ser comprados aos milhares para aumentar o número aparente de simpatizantes e, deste modo, criar uma ilusão de importância, confiança e prova social.

Outros exemplos são: indivíduos independentes que são pagos para criticar ou eliminar comentários negativos em fóruns e plataformas on-line (por exemplo, deletar ou alterar informações na Wikipédia); blogs contendo comentários elogiosos sobre produtos, que parecem ter

102

Texto principal
Explica a técnica, as circunstâncias em que ela funciona e o porquê, além do que se deve ou não fazer e dicas de como aplicar cada uma delas. As fontes científicas encontram-se no final do livro.

Incluímos também uma lista de outros livros interessantes e inspiradores nas áreas da psicologia, da influência social, da comunicação, do design, da retórica visual e da publicidade.

Comentário

Uma primeira análise sobre o que a técnica aborda.

Astroturfing

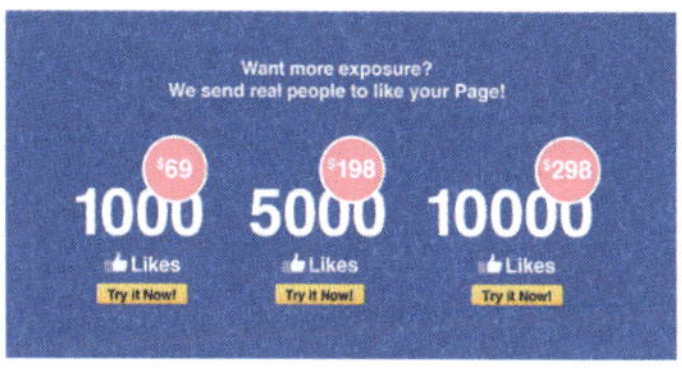

Compre curtidas no Facebook! Um numero maior de "curtidas" demonstra mais apoio social e confiança No mundo digital, a pergunta que isso desperta é: até que ponto são "reais" todas essas curtidas, esses seguidores no Twitter ou essas avaliações de produtos?

sido escritos por consumidores independentes, mas que, na verdade, são patrocinados pelos produtores; e grupos de apoio a pacientes ou médicos que recomendam determinados produtos, mas são patrocinados por empresas farmacêuticas.

Para o consumidor individual, é muito difícil descobrir as formas de astroturfing on-line. Entretanto, se o consumidor conseguir detectar e expor o uso desta técnica, é muito provável que isso resulte em um efeito bumerangue, ou seja, o consumidor acabará por desenvolver, como consequência, uma atitude negativa em relação à empresa ou à marca. Essas descobertas se espalham rapidamente e com muita facilidade pela internet e podem provocar efeitos negativos duradouros para a empresa em questão.

Considerações finais

> O astroturfing é antiético, desonesto e injusto e, portanto, deve ser evitado por empresas que querem ser vistas como instituições confiáveis, autênticas e com credibilidade.

Conceitos relacionados

Teoria do Agendamento, Operações de Bandeira Falsa, *Internet Water Army*, Marketing Viral

Eficácia
★★★★☆

Fator X
★★☆☆☆

Implementação
★★☆☆☆

103

Conceitos relacionados

Lista uma variedade de conceitos relacionados à técnica, úteis para obter mais informações on-line.

Considerações finais

Destaca as conclusões importantes e oferece conselhos sobre a técnica.

Propagandas e ilustrações

Demonstramos as técnicas usando propagandas do mundo todo, ilustrando as ideias mais abstratas e teóricas que são apresentadas no texto por meio de exemplos visuais concretos. Entretanto, observe que uma técnica de persuasão em si pode fazer parte da estratégia geral de uma campanha e não se limitar a anúncios visuais específicos. É claro que a facilidade com que uma técnica pode ser reconhecida e implementada com eficiência varia muito. Não sabemos até que ponto esses anúncios foram, de fato, elaborados em torno das técnicas de influência subjacentes; sabemos apenas que elas estão presentes. As imagens são corroboradas por descrições que interpretam a aplicação da técnica e, em alguns casos, as explicações são reforçadas por ilustrações nossas e não por anúncios existentes. Os créditos das imagens podem ser encontrados ao final do livro.

Fator de persuasão

Nesta avaliação baseada na opinião de especialistas, as técnicas são classificadas de acordo com os seguintes critérios: "**Eficácia**", "**Fator X**" e "**Facilidade de implementação**". O fator **Eficácia** indica a força do impacto da técnica no espectador/leitor, avaliando sua potência e as chances de produzir os resultados desejados. O **Fator X** descreve o "elemento UAU" da técnica: Qual é seu poder de atração? Esta técnica é inovadora? Ela é interessante do ponto de vista científico? O seu mecanismo é intrigante? Em que grau? O fator **Facilidade de implementação** indica o nível de dificuldade de aplicação da técnica científica à publicidade na prática – algumas técnicas muito interessantes quase não são aplicadas ou requerem condições muito específicas, enquanto outras podem ser aplicadas com facilidade a quase todos os anúncios e em qualquer contexto. É claro que a avaliação é fundamentada, mas subjetiva por sua própria natureza. A pontuação varia de 1 (baixa) a 5 (alta) estrelas.

A mente é como um iceberg que flutua com apenas um sétimo de seu volume acima da superfície.

Sigmund Freud, pai da psicanálise

01
RECONHECIMENTO DA RESISTÊNCIA

Superar a resistência simplesmente reconhecendo-a

A resistência à influência e à persuasão é o aspecto mais problemático de todos quando se trata de fazer que alguém faça ou compre alguma coisa. Assim, não é de se admirar que a maioria do persuasores e solicitantes faça tudo que está a seu alcance para evitar dar ênfase ou chamar a atenção para possíveis respostas negativas a seus pedidos. Paradoxalmente, pesquisas mostram que reconhecer a resistência de uma pessoa em aceitar um pedido, ou até mesmo enfatizar que ela é livre para fazer como bem quiser, elimina a hesitação e aumenta a simpatia pelo solicitante, induzindo à aceitação. O mais interessante dessas duas técnicas é que elas não exigem o uso de nenhum outro método de persuasão, nem o processamento de mais informações. É tão simples quanto dizer "Eu sei que você não vai concordar com isso, mas..." antes de fazer a proposta ou acrescentar, depois dela, "Mas você é livre para aceitar ou recusar". Embora as duas técnicas afetem nossa tendência de resistir à influência, existem diferenças entre essas duas abordagens.

Reconhecer a resistência (AR, sigla em inglês para *Acknowledging resistance*) implica em haver uma resistência prévia à proposta a ser feita – como aconteceria no caso de um aumento nos impostos ou nas taxas de serviços. Essa técnica atua sobre a resistência existente por meio do simples reconhecimento de sua presença. Ela não só elimina a possibilidade de que o alvo argumente "Mas eu não quero", como também transmite uma compreensão empática da opinião da pessoa. É muito importante que o reconhecimento seja feito no início da sentença ou da proposta. Em alguns casos, a técnica pode ser aplicada como uma tentativa de psicologia reversa: dizer ao alvo o que ele não quer, paradoxalmente, o faz querer exatamente isso.

O hotel Hans Brinker admite que econômico é econômico quando assume o "barato" em lugar de tentar camuflá-lo: sem luxo nenhum (imagens acima), somente o necessário (nas próximas páginas) e com serviços limitados (página 22). Nesta série de anúncios, o reconhecimento da resistência é combinado com um elemento de humor e surpresa. A mensagem fundamental "mas somos muito acessíveis" não está claramente expressa, mas deve ser decodificada pelo leitor a partir do momento em que ele entender o anúncio.

NOW
A BED IN
EVERY ROOM
Hans Brinker
Budget Hotel
Amsterdam
31 20 6220687

Hans Brinker
Budget Hotel
Amsterdam
31 20 6220687

NOW:~
FREE KEY
WITH YOUR
ROOM
Hans Brinker
Budget Hotel
Amsterdam
31 20 6220687

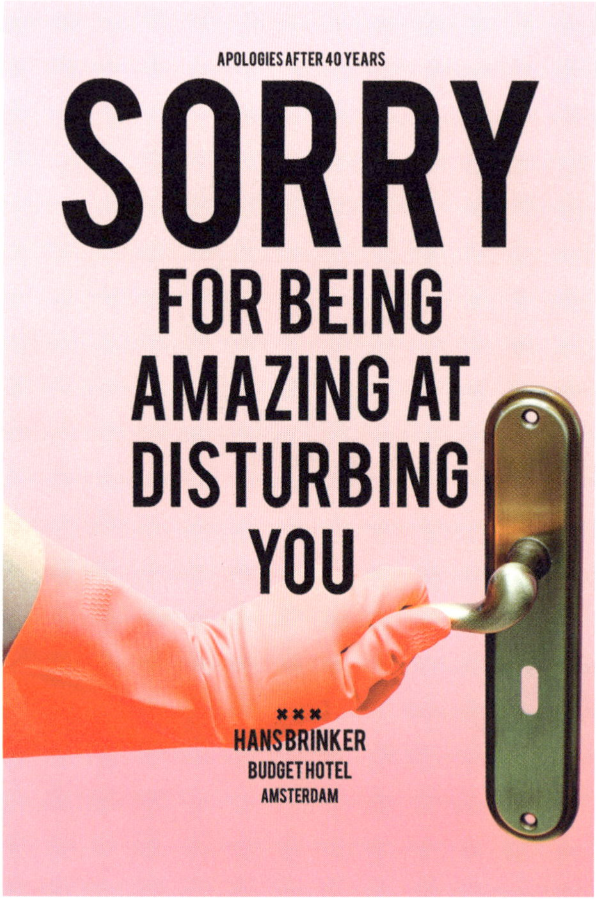

A técnica "mas você é livre..." (BYAF, sigla em inglês para *but you are free*) é o que há de mais novo na área – publicada em 2000 por Guéguen e Pascual e com uma extensa revisão de 42 estudos sobre a sua eficácia realizada em 2013. Essa revisão demonstrou que enfatizar que as pessoas são livres para escolher o que querem ao final de uma proposta duplicou a aceitação geral de um pedido direto. Enquanto o reconhecimento da resistência (AR) dá certo porque a resposta inicial seria um "Não", a BYAF não faz nenhuma pressuposição acerca da atitude original, ao contrário, ela gera e reforça a sensação de liberdade ao permitir que a resposta seja "Não". Isso torna a técnica BYAF um pouco mais versátil e menos propensa à reatância.

Os dizeres específicos usados na aplicação das técnicas AR e BYAF não são importantes, desde que haja um reconhecimento da resistência ou uma ênfase na liberdade de escolha, respectivamente. Vale lembrar, mais uma vez, que as duas técnicas funcionam, paradoxalmente, destacando a autonomia do alvo para responder "Não" e que elas apresentam o benefício adicional de fazer que o solicitante pareça acatar a escolha do alvo. As duas funcionam melhor nas situações em que o pedido é feito frente a frente ou naquelas em que o alvo não é anônimo: o anonimato elimina a necessidade de se apresentar (e, portanto, a resistência) porque o pedido pode ser rejeitado com toda facilidade. Assim, deve ser possível ao solicitante ver se o alvo dá seguimento ao pedido. Os dois principais benefícios dessas técnicas são o fato de que independem do conteúdo da proposta e a sua facilidade de aplicação. A chance de aceitação pode ser aumentada de maneira significativa com o simples acréscimo de algumas palavras no início ou fim de um pedido.

Considerações finais

- Especialmente eficaz quando o alvo sente que deve aceitar a proposta por uma questão moral, mas na verdade não deseja ou está evitando fazer isso (por exemplo, nas campanhas que promovem o sexo seguro ou doações).
- A técnica BYAF é adequada para a maioria das solicitações e tanto a AR como a BYAF podem ser empregadas com facilidade em combinação com outras técnicas de influência.
- O efeito é mais forte quando o alvo não é anônimo.

Eficácia
★★★★★

Fator X
★★★★★

Implementação
★★★★★

Conceitos relacionados

Psicologia Reversa, Transparência

02
FLUÊNCIA

A mensagem sempre deve ser compreendida com fluência e facilidade

Muitas pessoas acreditam que usar palavras e frases complicadas faz que pareçam mais espertas aos olhos dos outros. Muito ao contrário; na verdade, isso as faz parecerem menos inteligentes. Esse efeito não ocorre em função da nossa habilidade de detectar quando alguém está tentando nos impressionar, mas simplesmente porque o cérebro humano não gosta de complexidades. Não complique, seu bobo!

O processamento tranquilo e automático das informações conduz automaticamente a uma experiência de sentimentos positivos, o que se aplica também às informações visuais, textuais e conceituais. Quanto mais rápido uma mensagem for lida, mais facilmente a imagem ficará gravada e quanto mais rápido o conceito for compreendido, mais gostaremos dele. Portanto, uma escolha certeira do nome, da fonte, do número e da imagem pode fazer toda a diferença no impacto persuasivo causado pela mensagem.

A escolha do nome

Quando se precisa dar um nome a um produto, escolher entre um que seja pronunciável e um impronunciável vai determinar se as pessoas acharão que seu produto é seguro ou perigoso, chato ou interessante. Pesquisadores descobriram que, quando as pessoas se viam confrontadas com nomes de remédios como Magnalroxate e Hnegripitrom, este último era considerado como mais temerário. Entretanto, esse efeito pode ser usado a seu favor. Os pesquisadores também descobriram que, quando se nomeiam as atrações de um parque temático com nomes indígenas difíceis de serem pronunciados (por exemplo, Tsiischili), elas parecem ser mais emocionan-

Um bom exemplo de uma combinação de números extremamente conveniente ao cérebro. Os números não só são muito conhecidos, como também são pares. Além disso, 8 é duas vezes 4 e os aumentos na sequência de numeração são os mesmos, iniciando no 0 e passando para o 4 e depois para o 8 – fazendo que os números reforcem uns aos outros.

tes e provocar mais náuseas do que outras com nomes fáceis de pronunciar (por exemplo, Chunta). Portanto, se você deseja vender um produto destinado a induzir sentimentos de segurança e familiaridade, siga o fluxo. Por outro lado, se quiser vender uma coisa interessante ou extravagante, pode dar a ela o nome de Rhrtixtrax.

A numeração

A forma como os produtos são numerados também pode aumentar a fluência. Você já deve ter notado que muitas marcas famosas incorporam números à sua linha de produtos, por exemplo, a Nikon D40 / D50 e o BMW série 1 / 3 / 5. Esses números não só ajudam a diferenciar um produto do outro, como também aumentam a preferência pelo produto, quando são escolhidos com conhecimento de causa. Tomemos como exemplo um produto imaginário que, muito provavelmente, será avaliado como mais apetecível se receber o nome de "Zinco 24" do que se for chamado somente de "Zinco".

CENTRO
CULTURAL
VILA FLOR
GUIMARÃES
12 a 21 Nov
Guimarães
Jazz '09
WWW.CCVF.PT
MAIORES DE 12
dia 12 Kind of Blue @ 50 (Jimmy Cobb, Buster Williams, Larry Willis, Javon Jackson, Wallace Roney, Vincent Herring)
dia 13 Hank Jones Trio
dia 14 Branford Marsalis 4tet
dia 15 Projecto TOAP / Guimarães Jazz (Ohad Talmor, Bernardo Sassetti, Demian Cabaud and Dan Weiss)
dia 18 George Colligan Quintet
dia 19 Overtone Quartet (Jason Moran, Dave Holland, Chris Potter and Eric Harland)
dia 20 Cassandra Wilson
dia 21 Big Band da ESMAE dirigida por George Colligan
dia 21 Dave Douglas and Blood Sweat Drum 'n Bass Big Band

Mas por que 24 e não 23? Uma interessante série de estudos explorou quais números são avaliados mais positivamente quando comparados com outros. Essa pesquisa demonstrou que a inserção de números conhecidos (e, portanto, processados com fluência) em anúncios aumentou a avaliação positiva do produto em si. Além disso, as avaliações foram ainda melhores quando se incluiu o produto matemático de dois números apresentados. Veja o seguinte exemplo: foi solicitado que algumas pessoas escolhessem entre uma garrafinha de suco de vegetais V8 e uma lata de sopa Campbell's. Para algumas delas, foi dito: "Em uma garrafa de V8 você encontra a quantidade diária necessária de 4 vitaminas e 2 sais minerais", enquanto outras viram um anúncio que dizia: "Em uma garrafa de V8 você encontra a quantidade diária necessária de vitaminas e sais minerais". Mais pessoas escolheram o V8 quando os números 2 e 4 estavam presentes. O número 8 não só é familiar e facilmente divisível, como também a operação $2 \times 4 = 8$ torna o processamento da mensagem ainda mais fluente. Assim, os números 2 e 4 ajudam o inconsciente a processar o número 8. Os pesquisadores sugerem que isso funciona somente para multiplicações simples, pois a maioria de nós aprendeu tais operações por meio da memorização e elas são reconhecidas rapidamente.

Tipologia

O tipo de letra, ou fonte, influencia o grau de facilidade de leitura de um determinado texto. Como seria de se esperar, quanto menos legível a fonte, menos gostamos dela. Por exemplo: um estudo descobriu que, quando as instruções para a execução de um exercício foram escritas com uma fonte que dificultava a leitura do texto, os participantes acharam que levariam o dobro do tempo para completar o exercício e sentiram que ele exigiria muito mais deles. É claro que esse efeito também pode ser usado em vantagem própria. A apresentação de rolinhos primavera japoneses em um cardápio usando-se uma fonte de difícil leitura fez que as pessoas avaliassem esse prato como sendo mais complexo (e, portanto, superior). Mas, a menos que você esteja aspirando ao *Guia Michelin* ou vendendo produtos eletrônicos de alta tecnologia, é melhor evitar usar a fonte Wingdings.

Um exemplo raro em que uma fluência (ou facilidade de processamento) mais baixa se adequa à mensagem. Tradicionalmente, o jazz é associado a complexidade e criatividade e não é assimilado facilmente. Além disso, o objetivo principal do texto nestes anúncios não é transmitir muitas informações, mas criar toda uma atmosfera.

Agora tente responder à seguinte pergunta: “Quantos animais de cada espécie Moisés colocou na arca?” A maioria das pessoas responde “Dois” apesar de saberem que Moisés nunca construiu uma arca. Entretanto, quando essa frase foi escrita usando-se uma fonte que tornava o texto mais difícil de ser lido, a porcentagem de leitores que identificou a pergunta como sendo capciosa subiu de 17% para 41%. Assim, sob determinadas circunstâncias, diminuir a fluência de um texto pode fazer que as pessoas tenham um modo de processamento mais analítico. Isso é muito útil quando se deseja que as pessoas ponderem a mensagem com bastante atenção e se tem certeza de que ela resistirá a um exame minucioso.

O efeito da fluência não acontece somente no nível perceptual. Quando conseguimos imaginar facilmente uma determinada ação, ela nos agrada mais e ficamos mais propensos a realizá-la depois. Da mesma forma, se você mostrar para uma pessoa uma cena na qual ela consiga se imaginar com a maior facilidade (por exemplo, uma praia mostrada do ponto de vista do espectador), é mais provável que ela queira ir até lá do que até o local de uma cena que ela tenha dificuldade de imaginar (por exemplo, a mesma praia, mas vista de cima). Ainda mais surpreendente é o fato de alguns estudos terem demonstrado que pedir a alguém que imagine uma experiência positiva com um produto provoca um impacto positivo nas suas avaliações posteriores sobre o produto, mas somente se o produto em si estiver acompanhado por imagens vívidas. É possível facilitar ainda mais a fluência das representações por meio da combinação de imagens que reforcem uma à outra. A fotografia de uma fechadura, por exemplo, é considerada mais bonita se for precedida pela imagem de uma chave. Em resumo, não são apenas as propriedades perceptuais do texto ou das imagens que são importantes, mas também a facilidade com que algo pode ser trazido à mente.

No geral, o processamento fluente é mais eficaz quando as pessoas processam as informações rápida e heuristicamente. Em outras palavras, a fluência é positiva se sua mensagem visual estiver relacionada a algo em que as pessoas não precisem prestar muita atenção ou se você deseja, especificamente, que seu alvo permaneça no modo de processamento periférico. Entretanto, se quiser fazer que as pessoas prestem bastante atenção à mensagem, você deve incluir uma palavra que seja difícil de ser pronunciada ou uma imagem surpreendente. Observe que na maioria dos

Usar material relacionado ao tráfego de uma forma inovadora para construir a mensagem pode despertar maior interesse e atrair mais atenção. Entretanto, misturar imagens com palavras quase sempre gera maiores dificuldades de leitura e, portanto, torna o processamento da mensagem mais lento. Uma baixa fluência também pode fazer as pessoas pararem de ler a mensagem ainda na metade devido às limitações de tempo.

casos, entretanto, o público não tem a capacidade consciente, ou o tempo suficiente, para refletir sobre as mensagens apresentadas com muita atenção. Assim, mensagens que sejam familiares e fluentes são a aposta mais segura para o anunciante.

Para concluir, as pessoas são altamente sensíveis às experiências de facilidade e dificuldade, mas não têm consciência do quanto são influenciadas por elas. Tendem a atribuir qualquer avaliação resultante, positiva ou negativa, a outras propriedades do material textual ou visual (acreditam que tomam suas decisões com base no conteúdo, por exemplo) e não perceberão que a facilidade de compreender algo induz automaticamente a uma emoção positiva.

Eficácia
★★★★★
Fator X
★★★★★
Implementação
★★★★★

Considerações finais

> A mensagem deve ser clara, simples e perceptualmente agradável. Todo processamento fluente é experimentado como uma emoção positiva, que é depois transferida para a mensagem e/ou a fonte.
> Devem-se evitar mensagens complicadas porque elas suscitam no público a percepção de que a fonte é menos inteligente, ou de que a mensagem tem menos apelo.
> Se um produto ou mensagem estiver relacionado com sofisticação e complexidade, provoque uma disfluência por meio do uso de fontes difíceis e imagens desconcertantes.
> Faça que as pessoas leiam a mensagem com mais atenção usando uma fonte que seja difícil de ler. (Mas cuidado: isso pode fazer que as pessoas ignorem a mensagem por completo.)

Conceitos relacionados

Facilidade de Memorização, Efeito Framing, Lacuna de Empatia Quente-Frio, Teoria do Ajuste Regulatório

FOR
PEACE
OF MIND
Always
CARRY AN
Emergency
KIT
Make Time for Winter
visit www.highways.gov.uk
or call 0300 123 5000*
HIGHWAYS
AGENCY

03

PÉ NA PORTA

Começar com um pequeno pedido abre caminho para a aceitação de um maior

Imagine que alguém lhe peça para doar uma pequena quantia em dinheiro a fim de ajudar um trabalho voluntário feito junto a idosos, e que você concorde. Uma semana depois, a mesma pessoa aborda você novamente e pergunta se gostaria de passar algumas horas no asilo local, interagindo com os moradores, e você concorda mais uma vez. Esse é um exemplo de sucesso da técnica pé na porta (FITD, sigla em inglês para *foot-in-the-door*).

A FITD é uma estratégia de influência constituída por múltiplas etapas. Primeiro, você pede que as pessoas concordem com um pedido aparentemente insignificante. Pouco tempo depois, você pede novamente, mas desta vez sua solicitação é maior. O que acontece é que começar com um pedido pequeno aumenta significativamente as chances de aceitação do pedido maior, comparadas às chances quando se faz apenas a solicitação maior.

O mecanismo psicológico subjacente à técnica FITD ainda é objeto de debate. É muito provável que vários processos psicológicos sejam responsáveis por esse efeito. A primeira explicação se baseia na autopercepção, que significa que você observa seu comportamento (ao concordar em doar) e depois ajusta sua atitude ao comportamento (eu considero isso importante/nobre/bom etc.). Uma vez que você mudou sua atitude, o próximo pedido é consonante com sua atitude mais recentemente adotada. Outras explicações giram em torno dos tópicos de compromisso e coerência. A ideia é a de que você tornou público seu comprometimento com uma causa ao concordar com o primeiro pedido e não quer parecer incoerente e pouco confiável ao não concordar com o segundo. O efeito é ainda mais forte quando o primeiro e o segundo pedidos são feitos pela mesma pessoa, uma vez que ela sabe de seu consentimento inicial.

As compras feitas por meio dos aplicativos estão ganhando terreno como uma nova forma de implementar a técnica pé na porta. Em vez de pedir o preço cheio do produto logo de saída, ele é comercializado a princípio como "grátis". Depois, ao se usar o aplicativo, é possível comprar outras funcionalidades desejadas. Isso é particularmente eficaz quando se trata da venda de jogos: reduzir o limite de compras, e fazer que as pessoas despendam tempo e esforços usando o aplicativo, é uma maneira fácil de fazer que os consumidores queiram sempre mais. Entretanto, observe que, se a afirmação "grátis" for uma mentira, e as pessoas são tentadas de antemão a pagar quando abrem um aplicativo, trata-se então de uma variação da técnica pé na porta conhecida como técnica da bola baixa (VER CONCEITOS RELACIONADOS).

Alguns pesquisadores foram de porta em porta, indistintamente, pedindo primeiro que as pessoas colocassem um adesivo na janela da sua casa para promover a segurança no trânsito – um pequeno pedido, e quase todas elas concordaram. Algum tempo depois, os pesquisadores retornaram e fizeram um segundo pedido: que as pessoas que os atendiam naquele momento colocassem uma placa grande e feia no seu jardim, que promovia a mesma ideia. De todas as pessoas que foram abordadas com o primeiro pequeno pedido, 76% delas concordaram em colocar a placa no jardim, mas do total de pessoas a quem não haviam feito anteriormente o primeiro pedido, somente 17% concordaram.

A técnica FTID vem sendo amplamente estudada em laboratório e muito aplicada em situações reais. Essa é uma das técnicas de influência mais famosas e uma das que apresenta maior taxa de sucesso, quando aplicada corretamente. A FITD é mais eficaz quando, entre outras coisas:

- O primeiro pedido envolve certo nível de esforço e é um comportamento real – não um simples "Sim".
- As pessoas são elogiadas ou recebem reconhecimento por terem dado o primeiro passo.
- O pedido maior está claramente relacionado com o primeiro, estando em sintonia com este.

Apesar dos fortes efeitos causados, quando aplicada corretamente, há vários aspectos da técnica FITD que podem diminuir sua eficácia. Primeiro, ela pode levar à resistência – quando uma mesma pessoa aborda você duas vezes, ela pode parecer insistente ou agressiva e isso leva à reatância. Segundo, o primeiro pedido precisa ser grande o bastante para provocar uma ação do alvo, mas não muito ou você receberá um "Não". Obviamente, a FITD funciona somente quando o primeiro pedido – menor – recebe um "Sim".

Considerações finais

> Pedir por um grande favor de súbito muitas vezes leva à resistência; começar com um pedido pequeno e correlato aumenta muito a taxa de sucesso.

> O primeiro pedido não deve ser nem muito pequeno (ele precisa ser altamente envolvente) e nem muito grande.

Eficácia
★★★★★

Fator X
★★★★★

Implementação
★★★★★

Conceitos relacionados

Armadilha da Racionalização, Propaganda Enganosa com produto diferente (do inglês, *Bait and Switch*), Reciprocidade Inversa (efeito Ben Franklin), Técnica da Bola Baixa

04
A TERRA PROMETIDA

Compre este produto e venha comigo para a Terra Prometida

Normalmente, os consumidores compram produtos porque estes satisfazem suas necessidades básicas (por exemplo, fome ou limpeza). Entretanto, outras necessidades (sociais, emocionais e sexuais) sem a menor relação com o produto também podem ser prometidas na compra de um produto de primeira necessidade. A Terra Prometida é uma técnica de persuasão que seduz os consumidores a comprar um produto porque ele os ajudará a atingir algum objetivo desejado... mesmo que o objetivo seja irreal.

Essa técnica se opõe àquelas em que você convence o público a comprar um produto com base em atributos concretos e "honestos" (racionalidade). A Terra Prometida tem como objetivo direto a criação da resposta mais forte possível à recompensa no cérebro do alvo. Embora as afirmações feitas sejam exageradas ou mentiras óbvias, elas se dirigem aos principais desejos que levamos conosco – e nos tornam, assim, vulneráveis a elas. Isso pode acontecer de duas formas, pelo menos:

1. As pessoas querem que as afirmações exageradas sejam verdadeiras. Podemos nos convencer de que, embora não possamos atrair uma horda de modelos sensuais, é claro, ao menos conseguiremos um pouco mais de atenção de mulheres atraentes se usarmos um produto sexualizado, como os desodorantes Axe (VER PÁGINA SEGUINTE).

2. Ao apresentar essas marcas em situações muito atraentes, mas irreais, os anúncios criam uma associação entre nossos sonhos e desejos e aquela marca específica. Quando um rapaz adolescente vai a um bar, é provável que ele tenha como objetivo atrair as mulheres e, com quase toda certe-

De muitas formas, a campanha da Axe representa a essência da sedução. As afirmações feitas pela Axe – parte explícitas, parte implícitas – vão muito além do normal. Entretanto, os exageros são apresentados de uma forma tão divertida e autoirônica que nós os aceitamos de bom grado, sem oferecer resistência. Além disso, sentimo-nos atraídos pelo produto quando vemos essas fantasias se tornarem realidade e, inconscientemente, nós as associamos às nossas próprias situações e aspirações românticas e interpessoais.

za, tenha também algumas esperanças e fantasias neste departamento. Quando ele se encontra nesse estado de espírito, anúncios de bebidas alcoólicas associadas ao sexo são suscetíveis de virem à sua mente, uma vez que a bebida já estava ligada a esse objetivo anteriormente.

A Terra Prometida pode ser encarada como uma promessa empoderadora – ela nos oferece as ferramentas e poderes necessários para atingirmos o sucesso. Não se trata de um poder real ("Comprando isso, você vai ter sucesso com toda certeza"); é mais uma elevação da autoestima ("Eu me sinto [um pouco] mais confiante agora que posso atrair todas essas mulheres desejáveis"). Um exemplo simples do aspecto de empoderamento que a promessa traz é o slogan icônico da Nike, "Just do it!", que pressupõe que as pessoas terão êxito, transmitindo certa confiança de que usar os produtos Nike as torna melhores como atletas, ajudando-as assim a atingir seus objetivos relacionados aos esportes.

Terras Prometidas são amplamente aplicadas em muitos campos (perfumes, carros, esportes, detergentes etc.). O aspecto mais interessante da

técnica é o fato de sabermos que ela não é (completamente) verdadeira, mas que gostaríamos que fosse – emocionalmente, nós nos sentimos inspirados e atraídos por ela. Assim, a Terra Prometida representa a essência da publicidade como uma forma de atrair e seduzir o público.

Eficácia
★★★★★
Fator X
★★★★★
Implementação
★★★★★

Considerações finais

> A Terra Prometida inspira as pessoas, mesmo sabendo que a promessa é exagerada ou irreal.
> Até mesmo os desejos inatingíveis são fortes elementos motivadores do comportamento humano.

Conceitos relacionados

Empoderamento, Efeito Framing, Transporte Psicológico

Os anúncios sugerem que existem perfumes capazes de enlouquecer o sexo oposto e fazê-lo esquecer tudo a seu redor e se concentrar somente em você. Embora não seja explicitamente declarado, este é um exagero grosseiro de como os feromônios agem na natureza. Em muitas espécies (possivelmente, também entre os seres humanos) existem essências que ativam no cérebro o “desejo de reprodução”– talvez esse fenômeno seja parte do sucesso do Axe. E se eles estiverem certos?

05
AUTOPERSUASÃO

Ninguém melhor que você para convencer você mesmo a mudar

O grande problema da persuasão é superar a resistência do alvo em se deixar influenciar por outra pessoa. Isso é particularmente verdade quando envolve mudanças significativas de comportamento. Tentar convencer alguém a parar de fumar, começar a fazer doações, ser voluntário em um hospital para crianças ou praticar sexo seguro exige técnicas muito diferentes de, vamos dizer, tentar persuadir alguém que está com sede a comprar uma garrafa de Dr. Pepper e não uma de Coca-Cola. Enquanto o segundo caso pode ser alcançado facilmente aplicando-se técnicas de influência sutis e inconscientes que empurram o comportamento do alvo na direção desejada, conseguir o primeiro de maneira eficaz e permanente é um dos maiores desafios da publicidade, e da sociedade. As pessoas não gostam que lhes digam como viver sua vida ou quais as alianças que devem estabelecer; elas gostam de acreditar que estão no comando das decisões importantes que têm de tomar ao longo da vida.

Dentro dessa perspectiva de liberdade, uma extensa linha de pesquisa demonstrou que, quando se sente que a tentativa de influência é gerada pelo próprio alvo, suas defesas internas são quase que completamente derrubadas. Se as pessoas sentirem que os argumentos positivos para a realização de uma determinada ação vieram delas mesmas, é muito provável que elas acreditem nesses argumentos e se comportem de acordo. O comportamento resultante é congruente com a crença, uma vez que um dos principais impulsos humanos é o de ser e sentir-se (ou, pelo menos, parecer) coerente externamente. Essa necessidade de coerência faz que, quando se pede às pessoas que defendam uma posição (por exemplo, em favor de um aumento nos impostos), elas passem a concordar mais com esse ponto de vista – mesmo que, a princípio, não o apoiem. Isso é conhecido como comportamento contra-atitudinal.

Já foi demonstrado, por repetidas vezes, que a autopersuasão (SP, sigla em inglês de *self-persuasion*) derruba qualquer tipo de argumento – até mesmo os mais fortes. Um bom exemplo é encontrado na pesquisa sobre mensagens de persuasão contra o fumo. Os pesquisadores pediram que os fumantes escrevessem alguns argumentos sobre os malefícios do cigarro (SP) ou apresentaram a eles fortes argumentos sobre o tema. Depois disso, a propensão a acender um cigarro foi reduzida pela metade entre os participantes que ofereceram suas próprias razões. Um experimento posterior de acompanhamento repetiu esses efeitos simplesmente apresentando às pessoas a pergunta "Por que fumar é prejudicial?" Fazer esta pergunta fez os fumantes pensarem em argumentos contra o cigarro e adotarem um comportamento correspondente. Experimentos semelhantes sobre o comportamento de ajuda demonstraram um aumento de 90% na concor-

Um leitor que passa algum tempo assimilando este anúncio é estimulado a pensar em razões para não fumar. Essa pessoa irá pensar depois em razões intrínsecas que farão não haver quase nenhuma resistência à mensagem (por que discutir com você mesmo?!). Se o anúncio já tivesse oferecido algumas razões claras no texto, a primeira reação teria sido avaliar os argumentos e procurar falhas – o que não acontece quando se usa a autopersuasão. É claro que o desafio está em garantir que as pessoas realmente parem para pensar sobre as razões. Por fim, um texto com "dicas de ex-fumantes" transmite tanto afinidade (os fumantes não gostam de ouvir não fumantes falando sobre o assunto, mas aqueles que deixaram de fumar são tidos como integrantes do grupo) como autoeficiência (eles são como eu e, se conseguiram parar, então eu também posso).

dância em ajudar quando se aplicou a SP (ou seja, escrever dois argumentos justificando por que é bom ajudar). O melhor efeito obtido quando os argumentos foram fornecidos foi de 60%, e só foi conseguido por meio da apresentação de dez argumentos muito bons.

Até certo ponto, esta técnica representa o "Santo Graal" da pesquisa sobre persuasão. Primeiro, os alvos convencem a si mesmos, minimizando assim o esforço do persuasor. Segundo, não há confronto nem resistência (como, por exemplo, "eu sou um usuário fiel da Apple"). O desafio na aplicação desta técnica, sem dúvida, está em conseguir que as pessoas fiquem predispostas a elaborar por si mesmas esses argumentos. Não basta estruturar as mensagens na forma de perguntas – as pessoas precisam de motivação, capacidade e tempo para processar as mensagens antes de gerarem mentalmente seus argumentos. Portanto, a menos que a pergunta se destaque em meio à confusão e definitivamente venha a ocupar a mente, é aconselhável fazer com que as pessoas escrevam ou apresentem oralmente seus argumentos.

Eficácia
★★★★★

Fator X
★★★★★

Implementação
★★★☆☆

Considerações finais

> Os efeitos da autopersuasão aumentam de maneira significativa quando as pessoas declaram seus próprios argumentos publicamente, quando elas são gravadas ou filmadas e quando seus argumentos são escritos em um papel.
> As pessoas precisam se sentir pessoalmente responsáveis pelos argumentos para que a técnica funcione. Se a pressão externa for muito forte (por exemplo, se elas se sentirem obrigadas a fornecer os argumentos ou se receberem muito dinheiro para fazer isso), elas atribuirão os argumentos às fontes externas e, portanto, aumentarão sua resistência.
> A autopersuasão combina particularmente bem com a implementação de intenções.
> Nesta técnica, menos é mais; gerar dois argumentos dá mais certo do que gerar dez.

Conceitos relacionados

Comportamento Contra-Atitudinal, Justificativa Insuficiente, Armadilha da Racionalização

A campanha usa um tipo de autopersuasão dirigida ou sugestiva que se assemelha a uma pergunta retórica. Se não fosse apresentada nenhuma imagem junto com a pergunta, as pessoas poderiam pensar em qualquer resposta. Com a imagem, porém, há uma escolha implícita entre "ficar doente" e "curtir a vida". A pergunta leva a escolher entre as duas opções subentendidas e você sempre escolherão "curtir a vida". A próxima etapa nesta cadeia de influência eficaz é "como faço para continuar saudável e não acabar doente nos meus últimos dez anos de vida?" A resposta à pergunta é dada em letras pequenas: "mude seu futuro agora" sugere que você encontrará a resposta na Heart & Stroke Foundation. Seria uma opção incluir um apelo à ação na parte final, e não apenas "mude seu futuro agora" – como um pedido de doação, um "visite nosso site" ou uma sugestão para adotar um comportamento saudável – mas, mesmo assim, esta é uma propaganda maravilhosamente construída.

06

ALTERCASTING

Atribuir às pessoas um papel social as faz se comportem da maneira esperada para esse papel

De uma forma bem simples, o altercasting consiste em dizer a alguém que ele é "bom" e que deve comportar-se como tal: "John, você é uma pessoa inteligente e conscienciosa; eu sei que dará duro para terminar esta tarefa a tempo." Querer realmente ser visto como uma pessoa inteligente e conscienciosa faz que John se veja forçado a agir de acordo com o que se espera de alguém assim.

Há dois tipos de altercasting: o imposto e o assumido (*manded* e *tact*, respectivamente, em inglês). O altercasting imposto é quando a pessoa é colocada verbal ou textualmente em uma posição social: "John, como um verdadeiro americano, você deve..." O altercasting assumido, que é uma abordagem mais sutil, costuma ser realizado com imagens sugestivas para fazer a pessoa assumir o papel voluntariamente, de forma espontânea. Como exemplo, podemos citar que incluir uma criança em uma campanha de segurança nas estradas faz o espectador tomar para si o papel de protetor, despertando nele sentimentos de responsabilidade pela segurança da criança. Essas técnicas sociais particularmente convincentes são baseadas no pressuposto de que, quando alguém aceita uma posição social – como a de especialista, depositário, ajudante, protetor, amigo ou patriota – a procura por informações e o comportamento subsequentes são transmitidos por meio dessa nova identidade.

A técnica do altercasting (imposto ou assumido) é amplamente aplicada em nossas conversas cotidianas e um tema recorrente na mídia visual – muitas vezes, em campanhas sobre a saúde e outras de marketing social. Também é aplicada por grandes organizações que incorporam papéis

Normalmente, os homens querem ser vistos no tão almejado papel de um cara forte e poderoso. A campanha tenta infundir o papel masculino clássico de caçador e aventureiro – para cumprir e satisfazer esse papel, e comportar-se de acordo com a imagem apresentada, os homens devem se sentir estimulados a consumir o produto em questão. A campanha Lait d'homme enfatiza o homem como um caçador de uma forma exagerada e divertida. As informações textuais – "O achocolatado para homens com masculinidade extra" – reforçam e promovem explicitamente o papel social de ser um homem, fazendo do anúncio um exemplo de altercasting imposto. Se você é um homem durão ou se considera um, é melhor tomar este achocolatado! Essa é uma tentativa interessante de infundir machismo em um produto que tradicionalmente não é muito masculino e, dessa forma, atingir um novo segmento demográfico.

LAIT D'HOMME
THE MANLY CHOCOLATE MILK FOR MEN WITH ADDED MAN
WING-CO.
SHOOTS DOWN HUNGER. FAST.
CHOCOLATE
FLAVOUR MILK DRINK
wing-co.co.uk

protetores (por exemplo, as empresas de petróleo) e por empresas de bens de consumo que fazem os compradores adotarem "naturalmente" sua marca como uma identidade (a Apple, por exemplo). A predominância dessa técnica se deve à sua facilidade de aplicação: bastam apenas algumas palavras ou uma simples imagem para evocar na mente do receptor o papel social correspondente. Além disso, ela provoca uma resistência mínima à influência (especialmente no caso do altercasting assumido), uma vez que a adequação ao papel vem de dentro do receptor e não de uma fonte externa. Um benefício final é que o número de maneiras em que o altercasting pode ser aplicado é limitado somente pelo número de papéis sociais existentes – que é praticamente ilimitado!

Considerações finais

> A maneira mais fácil e simples de atribuir um papel social a alguém é fazer isso verbalmente (dizendo, por exemplo, "Como um especialista, você deve..."); entretanto, esta técnica – o altercasting imposto – também funciona por meio de mensagens escritas.

> Uma imagem pode retratar alguém em um papel social específico (por exemplo, um bebê em uma campanha de desarmamento nuclear) para motivar o receptor a incorporar naturalmente o papel de defensor da causa (por exemplo, o de protetor responsável) – o altercasting assumido.

Eficácia
★★★★★

Fator X
★★★★☆

Implementação
★★★★☆

Conceitos relacionados

Hipnose, Normas Prescritivas, Dramatização

A cervejaria holandesa Bavaria usa uma forma mais sutil de altercasting, conhecida como altercasting assumido. Ela apresenta um cara aventureiro curtindo sua cerveja Bavaria depois de enfrentar perigosos animais selvagens, sem enfatizar explicitamente o papel com palavras.

Nesta campanha, o site Delas desperta nas mulheres o papel de "mulher de negócios" e "líder". As mulheres são especialmente conhecidas por terem de enfrentar a batalha de desempenhar múltipos papéis (mulher de negócios eficiente, boa mãe, amante sensual, amiga atenciosa etc.). Os anúncios tentam fazer as mulheres verem que elas, também, podem ser o que quiserem na vida. Mulheres, o mundo não é só dos homens... despertem a fera nos negócios que existe em vocês!

07
PROVA SOCIAL

As pessoas têm o impulso natural de copiar as decisões e o comportamento de outras

A cultura ocidental moderna é extremamente individualista. Acreditamos que nós mesmos determinamos nossas ações e que nossas decisões são motivadas por necessidades individuais. Entretanto, os seres humanos são animais sociais: ao longo dos tempos, sempre dependemos dos grupos para sobreviver, e o comportamento das outras pessoas é uma importante fonte de informações para uma escolha bem-sucedida do nosso próprio curso de ação. Dada a firme convicção de que somos donos de nossas vidas, pode parecer contraditório que a prova social seja particularmente poderosa como uma técnica de influência. Entretanto, é em consequência dessa crença que nos encontramos menos preparados para nos defender das pressões sociais.

Como a prova social funciona na publicidade? Por incrível que pareça, uma das maneiras mais fáceis e eficientes de se aplicar esta técnica é simplesmente afirmar que "90% de X fazem/compram/preferem Y", em que X é seu grupo-alvo e Y é o comportamento que ele apresenta ou o produto que ele compra. Isso deve ser precedido ou seguido de uma mensagem positiva sobre o produto. Embora pareça simples e óbvio de uma maneira quase infantil, já foi demonstrado várias vezes que essa e outras frases semelhantes exercem forte influência no comportamento do consumidor. Se preferir, as porcentagens podem ser substituídas por "Quase (ou praticamente) todo mundo" ou "A maioria das pessoas". Isso também é muito fácil de ser demonstrado visualmente, ao se apresentar o grupo relevante desempenhando a ação ou comprando o produto de seu interesse. Essas demonstrações visuais apresentam a vantagem adicional de serem menos explícitas e, portanto, menos confrontadoras do que uma afirmação direta.

Quanto mais pessoas aprovam algo, maior a probabilidade de gostarmos daquilo também. O impacto da prova social é exponencial; quando há um número cada vez maior de pessoas "curtindo" alguma coisa, também se torna cada vez mais provável que outras pessoas cliquem em "Curtir" – fazendo ainda mais pessoas gostarem daquilo.

563 pessoas curtiram isso

Especialmente quando nos questionamos em relação à qualidade de um produto, nada funciona melhor do que saber que outras pessoas o aprovam. É obvio que os produtos que são classificados com o número máximo de estrelas (em geral, cinco) e apresentam o maior número de avaliações positivas vendem mais. Hoje em dia, é possível até mesmo comprar "curtidas" no Facebook e críticas positivas sobre um livro ou restaurante, uma vez que os varejistas empregam o poder da prova social (VER ASTROTURFING). Assim, é importante para qualquer prestador de serviços apresentar informações da maneira mais clara possível sobre a satisfação de seus clientes.

Se o número de aprovações é percebido como mais baixo do que o número esperado ou do que o apresentado por produtos similares, o efeito é revertido e se torna uma desvantagem. Talvez menos óbvio, quando se aplica a prova social é necessário um cuidado extremo para garantir que

Este anúncio inclui uma combinação interessante de prova social e autoridade (VER AUTORIDADE). Esses médicos não apenas sabem o que estão falando, como todos eles parecem concordar uns com os outros! Ou você acha que sabe mais do que 20.679 médicos? Observe o uso de um número exato depois do milhar, o que faz o número parecer verdadeiro. É claro que a prova social só funciona se o público realmente acreditar que as opiniões vêm de pessoas reais.

As opiniões das pessoas que são parecidas com você têm um valor especial. Se você é fã de Elvis Presley e todos os outros fãs dele acham que este é o melhor disco do cantor, quem é você para discordar? E, só para o caso de você não ter tanta certeza assim, dezenas de Elvis na capa convencem você de que existe muito mais dele no LP.

não se enfatize o comportamento "errado". As campanhas governamentais muitas vezes chamam a atenção para comportamentos problemáticos ao afirmar "90% das pessoas fazem X. Não faça isso!", em que X é um comportamento perigoso, pouco saudável ou socialmente inaceitável (como fumar, proferir xingamentos, dirigir embriagado etc.). Pesquisas mostram que esta estratégia faz as pessoas adotarem esses comportamentos indesejáveis com mais frequência porque elas os consideram a regra. Portanto, seja qual for o comportamento-alvo, parece que um dos atalhos mais fáceis e seguros que as pessoas usam quando tomam suas decisões continua a ser observar o que os outros fazem.

Considerações finais

> A prova social funciona especialmente bem quando a decisão ou o comportamento correto a ser adotado em uma situação específica não está claro (por exemplo, a compra por impulso).

> Embora as pessoas sejam sensíveis à opinião da maioria, os grupos que são parecidos ou fisicamente próximos exercem o impacto mais forte.

> Os jovens são particularmente sensíveis aos efeitos da prova social.

Eficácia
★★★★★

Fator X
★★★★☆

Implementação
★★★★☆

Conceitos relacionados

Experimentos de Comprimento da Linha de Asch, Efeito Autocinético, Efeito Manada (ou Efeito Bandwagon), Efeito Espectador (ou Efeito Bystander), Suicídios em Série (ou Efeito Copycat), Cascata de Informação

Sei que metade do dinheiro que gasto em propaganda é desperdiçada. O problema é que não sei qual delas.

John Wanamaker, pioneiro do marketing

08
GARANTIAS

Se você não ficar satisfeito com este livro,
nós devolvemos o seu dinheiro!

Esta frase curta seria um grande argumento de vendas para o livro que você tem nas mãos e faria você se sentir seguro de que fez a escolha certa. Infelizmente, é também uma mentira. Mas, mesmo assim, esperamos que você goste do livro!

Oferecer garantias é uma das técnicas mais diretas e fáceis de entender, capaz de superar fortes resistências. Garantias implicam necessariamente que, não importa o que o cliente faça, não tem como sair perdendo. Vamos entender a importância desta "apólice de seguro". A qualquer momento você (o cliente) pode decidir que não está contente com um produto e então pode devolvê-lo e ter seu dinheiro de volta. Da mesma maneira, depois de receber um serviço ou conselho ruim, você pode voltar atrás e deixar tudo como estava antes. Todo o ceticismo dos consumidores em relação às compras está baseado no fato de ser ou não a coisa certa a se fazer ou o comprar. As garantias eliminam qualquer dúvida ou relutância em tomar a decisão de comprar. Além disso, elas dão a entender que o produto ou serviço é de alta qualidade; se não fosse assim, o anunciante não se arriscaria a oferecer a garantia! Tudo o que se precisa fazer é identificar o problema ou o fator de indução da resistência que inibe a escolha e depois garantir que isso não será problema. É tudo realmente simples assim!

O maior problema desta técnica está no fato de que as empresas precisam ser capazes de cumprir o que prometem – se elas oferecem uma garantia, mas não conseguem cumprir, essa garantia é uma mentira e os clientes ficarão com muita raiva. As empresas driblam esse problema fazendo o uso da garantia ser extremamente penosa para os clientes. Dessa forma,

Este é um exemplo clássico da técnica da garantia – a Stihl garante seus equipamentos por três anos. A mensagem diz claramente que, na prática, é como se os compradores estivessem trabalhando com um produto novo durante aquele período. Em outras palavras: se ele funcionar como novo, sem problemas; se quebrar, é consertado e volta a funcionar como um novo; e se não for possível consertar, nós lhe daremos um novo. De qualquer maneira, é tão bom quanto um novo.

As garantias não se limitam somente aos produtos, podendo ser usadas para eliminar dúvidas sobre qualquer comportamento – desde que elas sejam verdadeiras e plausíveis. No caso da denúncia de um crime, sabe-se que o medo da retaliação ou de ser abordado pela polícia é o maior obstáculo.

elas podem continuar anunciando a garantia (porque ela, teoricamente, é verdade) com a certeza de que, de todos os clientes insatisfeitos com seu produto, pouquíssimos irão devolvê-lo.

Um exemplo clássico é a venda desonesta de peças de madeira polida como se fossem vibradores. Nesse esquema, os anúncios ofereciam o melhor vibrador existente no mundo alegando que "Se este vibrador não deixar você ligado, nada mais o fará", seguido de "Tudo isso por apenas 20 euros". E o melhor ainda estava por vir, com a afirmação: "Não ficou satisfeito? Devolvemos todo o seu dinheiro!" Uma oferta como essa, por esse preço, normalmente levantaria suspeitas, mas com garantia total, o que poderia dar errado? Caso o produto não correspondesse ao esperado, poderia ser devolvido. Por conseguinte, ele foi vendido aos milhares. Entretanto, quando as pessoas abriam o pacote, elas encontravam somente um pequeno dildo de madeira. Furiosos, os clientes iam consultar os termos e procedimentos de garantia. Para conseguir seu dinheiro de volta, eles tinham de colocar o pacote no correio com o nome "*Arse Ticklers Faggots Fanclub*" (algo como "Fã-Clube das Bichas que Cutucam o Rabo") claramente escrito na frente da embalagem e, claro, o endereço do remetente na parte de trás. Não é de se surpreender que fossem feitas poucas devoluções – quem teria coragem de encarar o atendente do correio? O mais engenhoso nesse caso foi o fato de não haver mentira alguma. Havia uma garantia, e os clientes que devolvessem o produto receberiam o dinheiro de volta. Mas, ao tornar o processo de devolução tão difícil, obteve-se um lucro enorme. E o interessante é que depois a empresa foi processada por propaganda enganosa – mas não pelas condições da sua garantia!

Outro exemplo, muito menos sinistro, de uma história de sucesso com o uso de garantias é a política de "satisfação garantida" do Walmart – um período de devolução de 90 dias, combinado com a não obrigatoriedade de apresentação da nota fiscal, é uma aplicação clássica desta técnica. A sua eficácia está no conhecimento de que o ser humano é uma espécie preguiçosa, ou seja, mesmo quando é muito fácil devolver algo, muitos não se dão ao trabalho ou se esquecem de fazer isso.

Eficácia
★★★★★

Fator X
★★★★☆

Implementação
★★★☆☆

Considerações finais

> Uma garantia precisa ser comprovadamente confiável; tenha a certeza de que ela poderá ser cumprida.

> Os consumidores devem ficar atentos a políticas de devolução complicadas. Uma política de garantia por si só nem sempre é reflexo da confiança do fabricante na qualidade do produto, mas se for combinada com uma política de devolução simples, isso é um bom sinal.

Conceitos relacionados

Arrependimento Antecipado, Propensão ao "É de graça!", Racionalização Pós-Compra

Este anúncio insinua uma garantia de perpetuidade. O lado positivo é que não há nenhuma afirmação direta e, portanto, não é preciso levar isso adiante. Por outro lado, quanto mais explícita, clara e forte for a garantia, melhor ela funciona.

09
ATRATIVIDADE

"É incrível como há uma completa ilusão de que a beleza é o bem."
(Liev Tolstói, *Sonata a Kreutzer*)

Em nossa cultura, na busca pela igualdade, decidimos que as crianças devem ser educadas segundo máximas que ilustram a superficialidade da beleza, por exemplo: "A beleza é apenas superficial" e "A beleza está nos olhos de quem a vê". Diante desse quadro, parece contraditório que as sociedades – as sociedades ocidentais, em particular – abusem do uso da atratividade inserida em propagandas, revistas, filmes e em todas as demais mídias visuais. Uma consequência natural desse bombardeamento é que as pessoas são rodeadas continuamente pelo ideal de atratividade ao mesmo tempo em que lhes dizem que não se deve julgar um livro pela capa.

E as pessoas acreditam piamente que não são mais seduzidas quando homens e mulheres bonitos aparecem em propagandas que carregam o produto de uma empresa. Entretanto, pesquisas mostraram que nós não só preferimos conscientemente as pessoas atraentes e associamos sua aparência a um "bem" inerente que se reflete de maneira direta no produto (também chamado de efeito halo), mas também que rostos atraentes produzem um sentimento positivo no observador logo de início. Essa associação instantânea e inconsciente (e, portanto, incontrolável) é gerada independentemente do sexo do observador ou do modelo. Curiosamente, olhar para indivíduos atraentes produz nos espectadores reações fisiológicas semelhantes às observadas quando as pessoas são presenteadas com dinheiro. Portanto, a atratividade funciona, e esse sinal é dominante, difícil de ser ignorado e recompensador. Além do mais, poucas técnicas persuasivas apresentam a mesma relação entre eficácia e facilidade de aplicação quanto um rosto bonito, o que é demonstrado claramente pelo

É surpreendente notar que um rosto comum, com proporções regulares, não é percebido como normal, mas como atraente. Na verdade, grande parte da atratividade é isso: normalidade. O homem e a mulher na parte de baixo são composições (uma "média") dos rostos individuais que são vistos no alto.

seu uso generalizado – até mesmo para produtos sem qualquer relação com a aparência.

Embora a atratividade do corpo seja importante, o rosto é muitas vezes o primeiro objeto visual que se vê nas interações humanas e é quase sempre considerado a contribuição mais importante para a atratividade física na sua totalidade. É um erro comum pensar que as pessoas com rostos atraentes pareçam arrogantes, menos inteligentes ou até mesmo bobas. Essas concepções errôneas se devem a um equívoco sobre o que a atratividade facial é realmente. É importante observar que a atratividade que causa um efeito positivo básico quando vista é aquela definida por marcadores biológicos; a atratividade não é definida pelas roupas, pelo estilo de cabelo ou pela maquiagem (embora esta possa ser usada para realçar as qualidades mencionadas adiante). Quando falamos em atratividade facial, estamos nos referindo ao rosto normal, de "cara limpa", com que você acorda pela manhã – seu rosto natural.

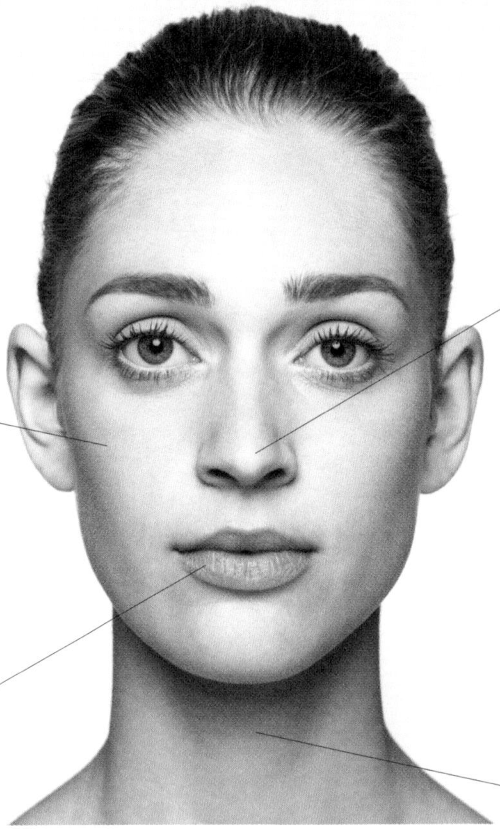

Existem também diferenças entre o que é tido como atraente em homens e em mulheres. Essas características são expressões das diferenças nas concentrações hormonais entre os homens e as mulheres.

Uma importante dimensão da atratividade é a simetria. Espelhar uma das metades do rosto sobre a outra ao longo do plano vertical elimina as assimetrias naturais, tornando o rosto esteticamente mais agradável (e também melhora o reconhecimento e a categorização do rosto; VER FLUÊNCIA). A modelo original é a da foto acima. Na imagem à direita, o lado esquerdo da face foi espelhado.

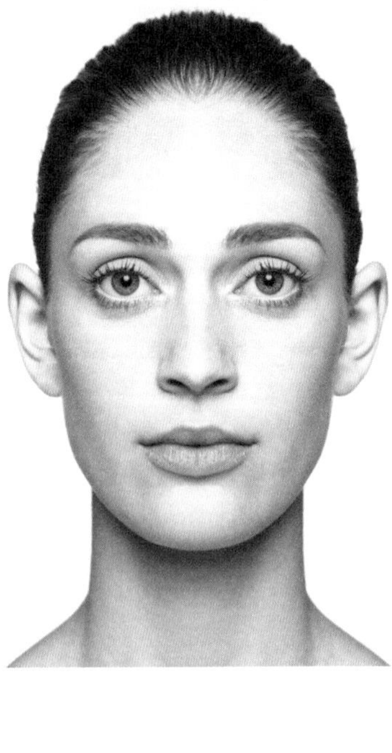

A atratividade facial pode ser atribuída a três componentes físicos principais:

1. **Normalidade:** o quanto a face é prototípica ou representativa.
2. **Simetria:** o grau em que uma face é simétrica no eixo vertical.
3. **Dimorfismo sexual:** a expressão hormonal das características específicas de cada sexo, tais como queixos largos para os homens e maçãs do rosto mais altas para as mulheres.

Uma razão extra para se pensar em incorporar a atratividade (determinada biologicamente) na publicidade é sua aplicação universal. Várias pesquisas e experimentos demonstraram um elevado consenso pessoal quanto à atratividade do rosto em cada cultura e entre culturas diferentes. Isso sugere que a beleza do rosto depende mais das características físicas inerentes da pessoa que dos olhos do observador. Até mesmo bebês com apenas seis meses de idade apresentam preferência por rostos atraentes. Portanto, se os rostos usados nas propagandas se basearem no conjunto certo de prognósticos, uma pessoa atraente será percebida de maneira positiva por ambos os sexos, de todas as idades e em todas as culturas.

Considerações finais

> Quando se compreende o que é universalmente considerado atraente, isso pode ser implementado em qualquer campanha quase que infalivelmente.

Conceitos relacionados

Credibilidade, Percepção da Face, Efeito Halo, Modelos Sociais

Eficácia
★★★★☆

Fator X
★★★★☆

Implementação
★★★★★

10
HUMOR

Quem ri fica indefeso...

O humor é uma das técnicas mais amplamente empregadas na publicidade (cerca de um terço de todas as propagandas são criadas para serem engraçadas). Entretanto, até pouco tempo atrás, os cientistas tinham dificuldade de entender o porquê de as marcas e agências usarem o humor com tanta frequência e como ele funciona tão bem.

Existem vários tipos de humor, mas a forma mais comumente aplicada é a da resolução da incongruência. Ela envolve um elemento incomum, estranho ou inesperado no anúncio (por exemplo, várias pessoas com bigodes de leite branco), que nosso cérebro tenta entender (Tem leite? Ah... é uma propaganda de leite!). São duas as etapas: 1) pensar sobre a situação estranha e tentar resolvê-la; e 2) uma vez resolvida, experimentamos uma sensação positiva (achamos engraçado) e podemos rir ou não. Cerca de 75% do humor usado em anúncios são desse tipo.

O uso do humor na publicidade é um tópico debatido acirradamente. De um lado, alguns profissionais têm receio e acham que ele distrai e desvia a atenção da mensagem principal que o anúncio deseja transmitir. "As pessoas não compram de palhaços", resume esta ala. Do outro, alguns profissionais alegam que é sempre bom fazer as pessoas rirem e que isso faz a marca ser apreciada e "simpática".

Na verdade, as duas alas estão corretas; o humor é algo que chama a atenção e nos lembraremos mais da piada do que da marca. Entretanto, em um nível mais inconsciente, o humor leva a sentimentos positivos que são associados à marca, mesmo que conscientemente não nos recordemos

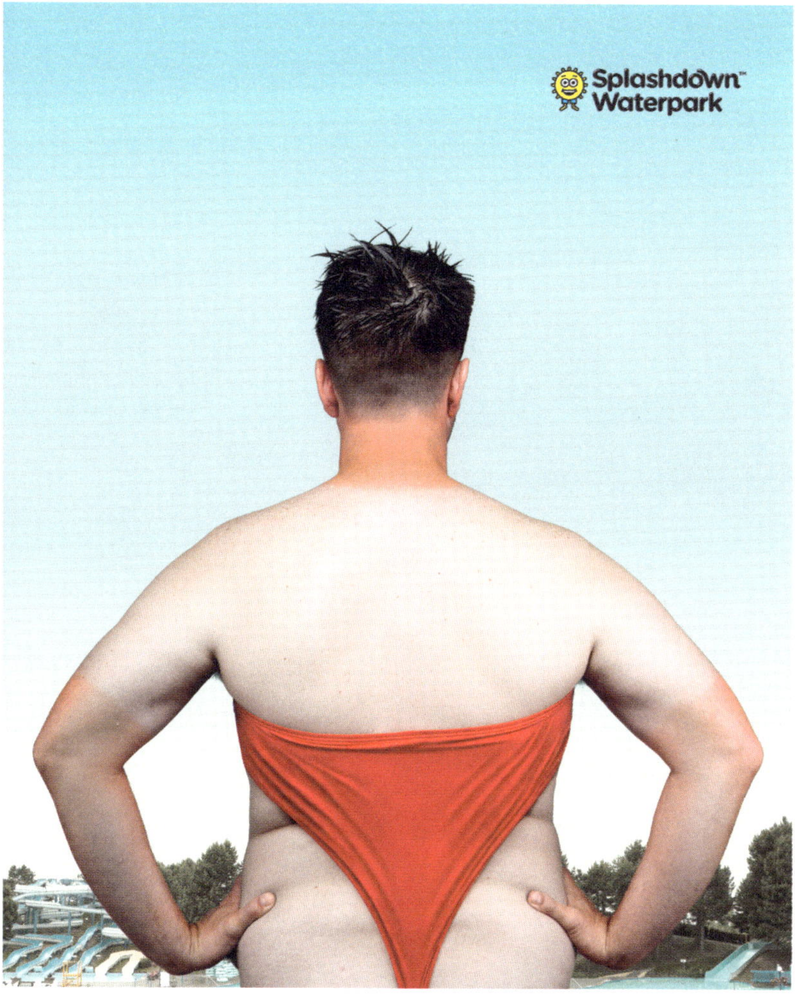

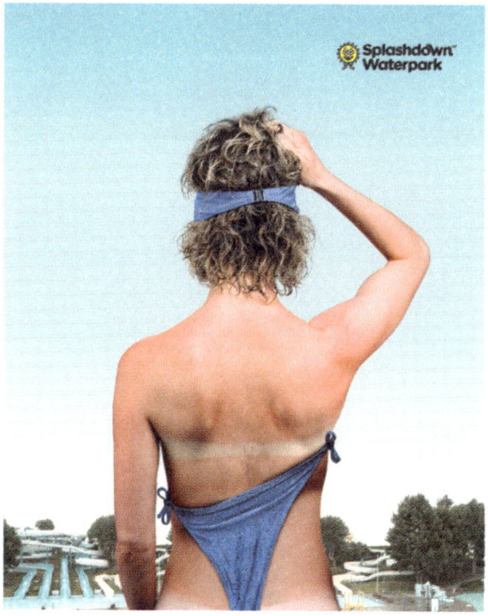

As posições inusitadas dos trajes de banho nestas propagandas atraem a atenção do espectador. Em combinação com a marca (é um parque aquático!), a explicação para esta situação inesperada é encontrada facilmente: os toboáguas do parque Splashdown são tããããão rápidos que seu maiô vai parar em um lugar engraçado.

FREE
YOUR
DOG
MASTER
DOG
light

Um exemplo de humor sutil e inteligente, que inclui um elemento antropomórfico. À primeira vista, o que está acontecendo não está bem claro. Entretanto, depois de ler o slogan "liberte seu cachorro", fica claro para o leitor que o cachorro obeso preferiria ser o cachorro ativo e em forma que ele imagina ser.

dela. Tais sentimentos aumentam a chance de escolhermos a marca associada ao humor quando fazemos compras por impulso. Assim, dependerá do objetivo do anunciante se o humor é ou não uma boa estratégia para ser empregada em seu caso.

Se o objetivo é ser a marca mais lembrada – ou "top of mind" – quando os consumidores estiverem considerando, deliberadamente, diferentes marcas para um produto que desejam comprar, o humor não é uma boa opção porque, embora a sua compreensão acentue a lembrança da piada, ela reduz a memória da marca.

Entretanto, quando o objetivo é fazer as pessoas comprarem um determinado produto ao fazerem suas compras, o humor é, na verdade, uma ótima estratégia a ser usada – especialmente em situações nas quais os consumidores precisam tomar decisões rápidas ou quando não se importam muito, pois seu comportamento é dirigido principalmente pela intuição e emoção. Nesses casos, quando veem uma marca que foi (inconscientemente) associada ao humor, eles a escolhem de maneira espontânea em detrimento de outras não associadas ao humor.

Outra vantagem de se usar o humor é que ele diminui a resistência à publicidade, diminuindo assim o esforço de marketing necessário. Quando rimos e prestamos atenção à piada, nosso humor melhora e prestamos menos atenção ao fato de estarmos sendo influenciados (daí o comentário inicial desta técnica). Assim, se somos confrontados com uma tentativa de marketing (como um anúncio, marketing direto ou ações no ponto de venda) vinda de uma marca bem-humorada, nossa resistência em relação a ela diminui. Além disso, no âmbito social, o humor é uma técnica excelente para ser empregada em propagandas porque diminui a irritação que podemos sentir com o bombardeio diário de mensagens comerciais com as quais nos confrontamos. Na publicidade, assim como nas interações sociais do dia a dia, preferimos passar nosso tempo com alguém que tenha senso de humor e nos faça rir do que com alguém que é sempre muito sério.

Considerações finais

- O humor diminui a memória que temos da marca, mas aumenta nossa simpatia por ela.
- O humor é especialmente benéfico em se tratando de decisões de compra por impulso.
- O humor é bom para a aceitação geral da publicidade.

Eficácia
★★★★☆

Fator X
★★★★☆

Implementação
★★★★☆

Conceitos relacionados

Atratividade, Ruptura e Reformulação

11
ESCASSEZ

Se é difícil de conseguir, as pessoas querem ainda mais

As coisas mais caras da vida são escassas e o sentido inverso também é válido – quando uma coisa parece escassa, ela nos parece mais valiosa e nosso desejo de tê-la se torna ainda mais forte. Em um experimento clássico realizado nos anos 1970, os participantes tiveram de avaliar biscoitos de dois potes diferentes: um, contendo dois biscoitos; o outro, com dez deles. Embora tanto os biscoitos como os potes fossem idênticos, os biscoitos do pote que continha menos (ou seja, dois) eram sempre considerados mais saborosos (comparados aos do pote contendo dez biscoitos).

A técnica da escassez se baseia nas tentativas de influência em que as pessoas são convencidas a comprar um produto (ou fazer algo) por acreditarem que precisam agir antes que passe a oportunidade. "Só resta um", "Só hoje, 50% de desconto" e "Outros três possíveis compradores estão interessados nesta casa" são exemplos da técnica da escassez em ação.
O poder persuasivo da técnica reside na (in)disponibilidade percebida, ou seja, no sentimento de que esta é nossa última oportunidade de aproveitar a oferta ou a ocasião ou de comprar o produto. Se não fizermos isso agora, poderemos pagar mais no futuro, o produto pode não estar mais disponível ou a oferta pode ter acabado – se deixarmos escapar a oportunidade, vamos nos arrepender!

Quais são exatamente os processos psicológicos subjacentes envolvidos na persuasão por meio da técnica da escassez ainda é objeto de discussão, mas vários candidatos prováveis contribuem para isso. Em primeiro lugar, as pessoas podem adotar uma heurística geral, tal como "objetos escassos são valiosos" – uma extensão da regra de que as coisas mais caras da vida são realmente escassas (como ouro e diamantes). Em segundo

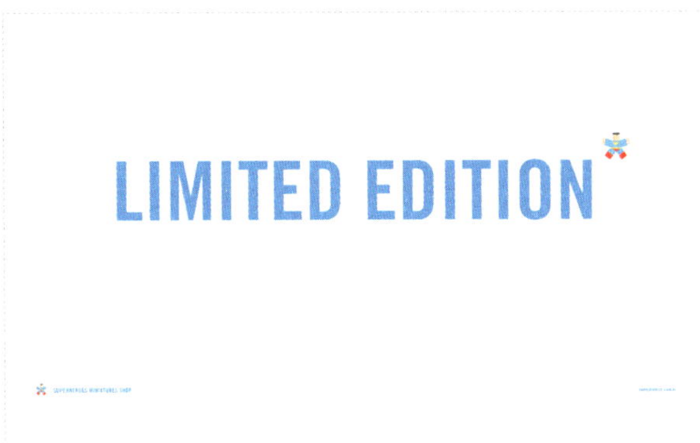

Muitas propagandas apresentam os produtos logo de cara e acrescentam escassez à mensagem, tal como "Agora ou nunca", "Só restam X" etc. Este anúncio de uma loja de miniaturas de super-heróis vai ainda mais longe, deixando bem clara a mensagem principal ("edição limitada"), e só depois de uma observação mais cuidadosa é que descobrimos que se trata da edição limitada de um *action figure* (do inglês, figura de ação). As palavras "edição limitada" chamam a atenção – quando uma coisa é limitada e você é sortudo o bastante para ver isso a tempo, pode ser um dos poucos orgulhosos proprietários desse item exclusivo. O valor desses produtos está em sentirmos que eles podem ser verdadeiros artigos de colecionador e valer muito dinheiro algum tempo depois. Observe que os anúncios de edição limitada quase nunca deixam claro o quanto é limitado o "limitado". Infelizmente, é muito provável que eles não sejam tão limitados quanto você gostaria que fossem.

LAST CHANCE! ONLY 1 LEFT!

Uma área em que a técnica da escassez predomina é a da venda de viagens on-line. Quer você queira comprar uma passagem de avião, reservar um quarto de hotel ou alugar um carro, depois de inserir os dados sobre o local, as datas de chegada e de partida, você recebe as opções de viagem rodeadas por letras em vermelho escuro que afirmam: "Só restam dois assentos!" ou algo mais sofisticado como "O aeroporto de Girona anda movimentado nesta época e os preços devem subir logo". Saber que os preços que você está vendo agora devem subir em breve, que o hotel que você está pesquisando está quase lotado, ou que o lindo carro que você quer não estará mais lá para ser alugado convencerá você a decidir rapidamente e fazer todas as reservas na mesma hora. O seguro morreu de velho!

lugar, o fato de um item estar escasso ("Só restam dois") pode indicar que muitas outras pessoas também gostaram ou já compraram o produto em questão. Se tanta gente está querendo isso, é porque deve ser bom! (VER TAMBÉM PROVA SOCIAL).

Uma terceira explicação importante referente à escassez tem origem na teoria da reatância psicológica. Quando temos a opção de comprar ou não um produto, somos livres. Entretanto, quando uma coisa é escassa, temos a liberdade agora, mas iremos perdê-la em breve. Ou seja, uma vez que o produto se esgotar, ou não estiver mais disponível por qualquer outro motivo, perderemos nossa liberdade de escolha – nossa única opção será a de não comprar o produto. Assim, a ideia é que, quando vemos nossa liberdade ameaçada por mensagens que empregam a escassez, compramos o produto em reação à ameaça.

Há ainda um outro elemento intimamente relacionado à escassez: o arrependimento antecipado. Nós imaginamos o quanto vamos lamentar se fizermos a escolha "errada" e levamos isso em consideração quando tomamos nossas decisões (VER PERSPECTIVA DE PERDA OU GANHO). E se mais tarde nos arrependermos de não ter comprado aquela última calça jeans? Neste caso, comprar a calça parece ser a melhor opção porque assim evitaremos arrependimentos caso ela não esteja mais disponível depois.

Evidentemente, a técnica da escassez é de fácil implementação. Seja com base no tempo ("Oferta por tempo limitado"), na quantidade (Só restam poucas peças") ou na concorrência ("Está todo mundo na fila, então corra e pegue o seu"), as propagandas quase sempre empregam essa técnica.

Considerações finais

> Produtos escassos são mais atraentes do que produtos não escassos.

> As pessoas querem ter a sensação de liberdade e a escassez representa uma ameaça à sua liberdade de escolha.

> Ser levado a imaginar como se sentiria se não pudesse mais comprar um produto faz você desejar mais o produto.

Eficácia
★★★★☆

Fator X
★★★★☆

Implementação
★★★★☆

Conceitos relacionados

Lei da Oferta e da Procura, Custo de Oportunidade, Necessidade de Segurança, Aversão à Incerteza

12
ATRAÇÃO PASSAGEIRA

A sensação de afinidade entre o mensageiro e seu público-alvo pode duplicar a aceitação

Você já cedeu alguma vez a um pedido de ajuda feito por um estranho, ou a uma doação ou compra de um produto, mas depois ficou se perguntando o porquê de ter feito o que fez? Por alguma razão você desenvolveu um sentimento positivo em relação à pessoa – uma sensação de familiaridade e simpatia. Mas, curiosamente, você não pode apontar a origem desses sentimentos ou como eles surgiram.

Não é surpresa nenhuma que gostar de alguém seja o primeiro indicador de aceitação a um pedido feito pela pessoa. Estamos sempre prontos a ajudar nossos amigos e aqueles que são parecidos conosco em termos de opiniões, valores ou personalidades. Isso acontece devido a algo chamado heurística do afeto, que diz: "Se eu gosto de você, vou fazer de tudo para agradá-lo". Essa é uma regra humana óbvia, mas fundamental.

A simpatia pelas pessoas que acreditamos ser parecidas com nós mesmos é tão forte que até mesmo as menores e mais irrelevantes experiências ou sinais de semelhança despertam, inconscientemente, esse atalho mental. O pesquisador Jerry Burger dedicou muito de seu tempo para demonstrar o poder da chamada atração passageira, uma forma induzida de afeto temporário. Em seus experimentos, ele mostra que o simples fato de duas pessoas se sentarem próximas em uma sala dobra os índices de futura aquiescência de uma para com a outra. Em outros experimentos, as pessoas preencheram questionários sobre a personalidade e, em sequência, foram apresentados a elas questionários supostamente preenchidos por outra pessoa (na verdade, eles haviam sido preenchidos pelos pesquisadores). Quando os participantes acreditavam que eram parecidos

Em uma recente campanha, a Coca-Cola lançou latas e garrafas personalizadas que traziam no rótulo nomes masculinos e femininos comuns, adaptados conforme o país. As pessoas apresentavam reações emocionais automáticas e tinham lembranças associadas aos nomes das pessoas que conhecem e de quem gostam. O consumidor podia até mesmo encontrar garrafas com o próprio nome. Esses nomes criaram uma sensação de familiaridade e afinidade que, implicitamente, aumentou a simpatia e despertou uma atitude positiva em relação ao produto.

com a outra pessoa, com base nesses testes falsos, sua aquiescência aos pedidos dela aumentava significativamente depois. Isso pode não parecer muito surpreendente, uma vez que a semelhança (real) é mesmo um bom indicador para saber se devemos confiar e ajudar a outra pessoa, e o questionário realmente sugeria que eles eram parecidos quanto às variáveis de personalidade importantes. Entretanto, a utilidade desta técnica na publicidade se torna aparente quando se compreende que até mesmo fatores irrelevantes, como compartilhar o mesmo nome, têm exatamente o mesmo efeito. Um nome não é um indicativo de qualquer semelhança real, mas ainda assim aumenta a simpatia pelo outro e as atitudes positivas com relação a ele. Esse efeito acontece até mesmo quando se diz às pessoas que elas fazem aniversário no mesmo dia.

Mas agora vem o melhor! Quando foi dito às pessoas que elas tinham um tipo especial de impressão digital (que, na verdade, é algo que não existe), elas aquiesceram muito mais àquelas que lhes disseram ter o mesmo tipo de impressão digital – isso prova que até mesmo semelhanças falsas podem ser criadas para ocasionar uma atração passageira.

As marcas tentam criar uma identificação com seus grupos-alvo brincando com as emoções e atitudes das pessoas em relação à vida e à sociedade. As imagens e slogans sugerem que "somos como você". É assim que a marca tenta comunicar que está muito próxima do grupo--alvo e que eles são muito parecidos – criando, portanto, um sentimento de afinidade.

O truque está em fazer que a semelhança seja sentida como algo especial, porque se ela representar uma qualidade ou característica que compartilhamos com todos (por exemplo, a pessoa na propaganda é um homem e nós também), não dará certo. Quanto mais especial for a semelhança compartilhada, maior o impacto que ela provocará.

Alguns fatores que criam uma atração passageira por meio da semelhança percebida são: passar tempo juntos (VER MERA EXPOSIÇÃO), ter o mesmo nome, a mesma data de aniversário, roupas parecidas, os mesmos títulos acadêmicos, o mesmo lugar de origem, as mesmas preferências musicais e a mesma religião ou formação religiosa.

Esta técnica, portanto, é especialmente relevante para o mercado em expansão dos anúncios individualizados. Publicidades na internet podem capturar informações pessoais e usá-las para fornecer falsos indícios de semelhança e, por conseguinte, uma sensação de atração passageira. A próxima geração de anúncios, em que os vendedores usam óculos inteligentes do Google, pode empregar esta estratégia com a maior facilidade coletando informações pessoais das redes sociais enquanto atende a um cliente – ser cumprimentado por alguém que compartilha o mesmo nome, ou os mesmos interesses, proporciona um ponto de partida muito eficaz para uma negociação.

Considerações finais

> As semelhanças precisam ser apresentadas antes que o alvo apresente as dele; se forem apresentadas depois, como em "Ah, seu nome é Lisa – o meu também", pode parecer enganação.

> A técnica de induzir uma atração passageira por meio da afinidade já se comprovou mais eficaz nas pessoas com grande necessidade de aprovação e integração social.

Eficácia
★★★★☆

Fator X
★★★★☆

Implementação
★★★☆☆

Conceitos relacionados

Criação de Vínculo, Atração Interpessoal, Empatia

13
CHAMARIZ

Quando os consumidores estão entre dois produtos parecidos, apresentar um chamariz pode direcioná-los para o final desejado

Um chamariz é idealizado para que uma das duas opções iniciais se torne assimetricamente dominante em relação à opção chamariz. Assim, em uma situação hipotética, embora as opções A e B sejam aparentemente iguais, somente uma delas (por exemplo, A) é visivelmente melhor do que uma terceira opção oferecida – o chamariz, C. O objetivo de se acrescentar um chamariz (C) não é fazer as pessoas escolherem C, e sim atribuir à A um valor mais elevado e fazer as pessoas escolherem essa opção em lugar de B. Vamos considerar a seguinte pergunta: como explicar que uma preferência igual por A ou B possa ser modificada em favor de A ou de B, simplesmente acrescentando-se uma terceira opção – C? Não importa o quanto C seja melhor (ou pior), as diferenças ou semelhanças entre A e B não são alteradas objetivamente. Na verdade, esta técnica é mais uma prova de que o homem não é um agente racional nem um consumidor lógico – nosso cérebro é nosso pior inimigo e a publicidade sabe disso!

Vamos explicar mais detalhadamente esta técnica abstrata por meio de um exemplo. Digamos que você queira comprar a mais recente novidade, o iPhone 9, e tenha as seguintes opções: A) 799 euros pelo modelo de 32GB; ou B) 999 euros pelo modelo de 64GB – uma decisão difícil. Algumas pessoas escolheriam a opção A, pelo preço, e outras a B, pela capacidade de armazenagem. Mas e se acrescentássemos uma opção extra, a C – o chamariz. Ela é quase tão cara quanto a B, mas com menor capacidade de armazenagem. Opção C: 959 euros e 50GB. De repente, a opção B passa a ser um negócio mais interessante porque você não pagará muito mais do que pagaria pela C, mas terá uma capacidade muito maior. Mais pessoas escolheriam B e não A antes de ser acrescentada a opção chamariz e ninguém em sã consciência escolheria C. Reiterando, B (e não A) é agora assimetricamente dominante em relação à C.

Técnicas de neuroimagem estão hoje sendo aplicadas para explorar essa predisposição curiosa. Esses estudos descobriram que, quando temos dificuldade de escolher entre duas opções igualmente desejadas, acrescentar um chamariz reduz nossas reações de estresse ao diminuir a sensação de informações conflitantes. É que o chamariz oferece informações a mais, o que nos ajuda a "descobrir" a melhor opção, dessa forma tornando o processo de decisão mais fácil.

É interessante observar que, não importa o quanto as pessoas sejam bem informadas sobre esta técnica e por mais explicitamente que ela seja empregada, ela é quase indetectável. Qualquer coisa pode ser anunciada utilizando-se o efeito chamariz: de cervejas e salgadinhos a televisores, carros e até políticos (é só acrescentar como chamariz um terceiro político que seja assimetricamente inferior a apenas um dos candidatos, por exemplo).

Considerações finais

> O chamariz precisa ser apresentado sempre de modo sutil, como a opção menos favorita.

> A técnica do chamariz funciona melhor para produtos de alta qualidade (em comparação com os de baixa qualidade).

Conceitos relacionados

Teoria do Agendamento (ou Agenda-Setting), Viés da Distinção, Opções-Fantasma, Reformulação da Proposta

Eficácia

★★★★☆

Fator X

★★★★☆

Implementação

★★☆☆☆

€2
€4

O uso de chamarizes pode ser encontrado com frequência em serviços do setor de alimentos e bebidas. Imagine que você esteja em uma lanchonete e queira tomar um café. O café pequeno custa 2 euros, o médio custa 4, e o grande, 5 euros. Neste caso, o café médio é o chamariz. Talvez você nem queira um café grande, mas com toda certeza esta opção parece ser um bom negócio se comparada à do café médio.

A publicidade é a arte de vender no papel.

John E. Kennedy, publicitário e redator

14
ISSO NÃO É TUDO

Oferecer espontaneamente um desconto ou alguma coisa grátis antes mesmo que o discurso de vendas acabe

"Este incrível jogo de facas custa apenas 69,95 euros, MAS isso não é tudo! Você ainda leva este afiador de facas de titânio e um segundo jogo de facas, sem custo nenhum."

Os programas de televendas eram muito populares na era pré-digital, apresentando aparelhos para fazer exercícios físicos em casa, cremes de beleza, facas e conjuntos de panelas. Pense em um produto – eles o vendiam. Essa foi uma das primeiras plataformas de publicidade a ir fundo nas técnicas de influência social e persuasão. A mais infame delas é provavelmente a técnica "isso não é tudo" (TNA, do inglês, *that's not all*). Depois de apresentar o produto e o preço, a voz do apresentador começa a anunciar algum brinde ou vantagem extra, sem alteração no preço original. Se a oferta inicial já era boa, agora ela ficou ainda melhor!

O principal processo psicológico que faz esta técnica funcionar é sentir a necessidade de responder às negociações do vendedor (VER RECIPROCIDADE). Primeiro, acrescentar brindes ou descontos dá a impressão de que o vendedor está fazendo uma concessão. Segundo, o segredo está em fazer as pessoas acreditarem que aquele deveria ser o preço pago pela oferta inicial – e assim, tudo o que vem a mais seria realmente "grátis".

Já deve estar claro para você que a técnica TNA é espantosamente simples. Um pedido inicial é seguido por algo que adoça a proposta ainda mais (um desconto, um brinde, uma bugiganga ou um incentivo) antes mesmo que o alvo consiga pensar ou reagir à primeira oferta. Um aspecto importante é que apresentar os itens adicionais em sequência rápida cau-

A figura mostra o conjunto de facas mencionado na introdução deste capítulo. O preço original da primeira faca é apresentado como 89,95 euros. Mas espere aí! Nós vamos lhe dar um desconto! Agora, ela custa só 69,95 euros. Ainda não está bom? Pois tem mais! Vamos colocar outra faca de brinde, depois mais uma, e assim por diante. No final, parece bom demais para ser verdade: os compradores levam TODOS estes produtos para casa pelo preço de apenas UMA faca, com desconto.

Está interessado em comprar esta revista? Mas espere, isso não é tudo! Há três outros brindes que você vai receber de graça. É claro que estes itens não são, por definição, gratuitos porque você tem de comprar a revista para ganhar todos eles. Observe que o círculo “nº1” no canto superior esquerdo também representa uma espécie de autoridade.

sa um efeito mais forte do que quando os produtos são apresentados ao mesmo tempo, logo no início. Um dos experimentos originais com o TNA demonstrou que era muito mais fácil vender um muffin e dois cookies por 75 centavos quando se anunciava primeiro o muffin por 75 centavos e depois os cookies entravam na oferta, do que quando eles eram oferecidos juntos por 75 centavos. Além disso, um muffin vendia muito mais facilmente quando o preço original era de uma libra, mas o valor era reduzido imediatamente para 75 centavos, do que quando ele já era anunciado por 75 centavos.

A técnica do TNA funciona melhor com itens de baixo custo (ou seja, onde os alvos estão cognitivamente menos envolvidos para avaliar o produto e seu valor estimado). Um produto mais caro ou um em especial, que alguém esteja procurando, leva a uma avaliação mais consciente do produto (sua qualidade e custos) e obterá poucos benefícios com o uso desta técnica.

Mas isso não é tudo! Dicas grátis de como implementar o TNA nas considerações finais!

Considerações finais

> A oferta inicial tem de parecer razoável.
> O desconto ou item adicional deve ser apresentado após a oferta inicial em etapas.
> O receptor não deve ter chance de reagir a cada oferta extra. A oferta continua até que a apresentação tenha terminado.
> Para obter melhores resultados, o "bônus" final deve ser especialmente atraente.

Eficácia
★★★★☆

Fator X
★★★☆☆

Implementação
★★★☆☆

Conceitos relacionados

Propensão ao "É de graça!", Reciprocidade

15
MERA EXPOSIÇÃO

Quanto mais vemos uma coisa, mais gostamos dela

Embora pareça intuitivo que a exposição repetitiva fique estimulando seu desejo por um produto ou marca e ajude a fixar as marcas na memória, essa não é a única razão pela qual as grandes marcas ficam se impondo no ambiente visual que nos rodeia. Pesquisas demonstraram que um material naturalmente neutro ou positivo é percebido como algo mais positivo após repetidas apresentações. Esse efeito se deve a um aumento da sensação de familiaridade e vale para todos os estímulos visuais com que as pessoas se deparam – tanto para produtos como para pessoas. Quanto mais vezes você se deparar com aquela pessoa nova no escritório e com o cartaz do novo refrigerante, mais forte será o sentimento positivo que você terá com relação a eles.

Em 1968, um pesquisador chamado Robert Zajonc demonstrou de forma inteligente a existência desse efeito inconsciente quando mostrou que as pessoas manifestavam preferência por determinados símbolos chineses sem sentido quando eles eram mostrados repetidamente, comparado a situações em que eles eram apresentados somente uma vez. Isso demonstrou que um material vazio em conteúdo emocional ou significativo pode tornar-se positivamente carregado simplesmente por meio da apresentação em si. As agências de publicidade sabem que o simples fato de serem copiosamente expostas a um produto ou marca faz que as pessoas passem a gostar mais dele ou dela, sem sequer terem parado para refletir sobre o porquê. Ao serem consultadas, talvez as pessoas nem mesmo reconheçam o produto, embora ainda relatem simpatia com relação a ele. Esse sentimento positivo inconsciente se traduz em comportamento de compra, especialmente quando a preferência das pessoas por marcas concorrentes é fraca ou quando se trata de uma compra por impulso. Um exemplo per-

重

Para a maioria de nós, este é um caractere chinês desconhecido. Entretanto, se você olhar para esta página todo dia a partir de hoje, desenvolverá sentimentos mais positivos com relação a ele. Conforme descrito no texto, Robert Zajonc realizou em 1968 um experimento mundialmente famoso em que mostrou caracteres chineses a americanos que não falavam chinês de uma a 25 vezes e pediu aos participantes que tentassem adivinhar seus significados. Quanto mais vezes os participantes tinham visto um mesmo caractere anteriormente, mais positivas eram suas suposições sobre o significado do caractere. A propósito, este caractere chinês significa "repetição".

As grandes marcas de produtos de consumo gastam bilhões de dólares para maximizar sua exposição. Conforme explicado no texto, essa exposição não só nos faz lembrar da marca e considerá-la na hora de comprar um produto, como também nos faz sentir bem em relação à marca. Porém, o efeito da mera exposição pode produzir alguns resultados interessantes. Em pesquisas de varejo, por exemplo, as pessoas muitas vezes dizem que procuram por butiques exclusivas e "escondidas" quando fazem compras; entretanto, na verdade, elas vão a shopping centers e acabam comprando nas mesmas grandes redes de lojas de sempre. Se viajarmos de Amsterdam para Xangai e formos a um shopping, há grandes chances de entrarmos na primeira loja H&M que virmos.

feito é o da Coca-Cola. O nome da marca e o slogan não podem ser ignorados – seus anúncios na televisão e outdoors estão por toda parte. A representação constante da marca resultou em uma familiaridade global, criando associações positivas através da mera exposição. É claro que essa exposição pode ser demasiada, gerando efeitos opostos aos desejados. Experimentos mostram que a técnica da mera exposição alcança seu efeito máximo dentro de dez a vinte apresentações.

Outra forma menos intrusiva, mas igualmente eficiente de mera exposição é a introdução de um produto em filmes, seriados de televisão, clipes musicais etc. Uma vez que a atenção não é dirigida abertamente ao produto, isso não parece uma propaganda, o que faz que a reatância à tentativa de influência seja baixa. Além disso, esses produtos podem estar associados a atores ou personagens famosos para produzir um estímulo positivo (muitas vezes inconsciente).

Em resumo, a técnica da mera exposição é de fácil aplicação (desde que a empresa disponha do orçamento para as repetidas ações de marketing) e influencia principalmente o comportamento de compra inconsciente e a tomada de decisões por impulso. Se você quiser que as pessoas gostem mais de você, é melhor fazer que elas o vejam em todos os lugares!

Considerações finais

> As primeiras dez a vinte exposições são as mais importantes; depois disso, cada exposição a mais tem um impacto um pouco menor no aumento da simpatia (mas mantém o produto na memória, é claro). As exposições devem ser de curta duração, com intervalos suficientes entre elas para evitar os efeitos de uma exposição excessiva.

Eficácia
★★★★☆

Fator X
★★★☆☆

Implementação
★★☆☆☆

Conceitos relacionados

Heurística da Disponibilidade, Efeito de Familiaridade, Efeito de Proximidade

16 ANCORAGEM

O valor de um produto é fortemente influenciado por aquilo com o qual ele é comparado

A ancoragem, um viés cognitivo complexo, acontece quando utilizamos as informações existentes como base para nossas novas avaliações e decisões. A maneira mais fácil de explicar a técnica da ancoragem é através da demonstração. Responda às seguintes perguntas, em sequência, antes de continuar lendo:

O rio Nilo tem mais do que 300 quilômetros? Ou menos?
Quanto você acha que ele mede?

As estimativas que as pessoas fazem quando respondem à segunda pergunta são extremamente diferentes quando o número na primeira pergunta é substituído por 16 mil (quilômetros). O número incluído na primeira questão se torna uma âncora de comparação, a partir da qual se parte para estimar o comprimento real. No primeiro caso, as pessoas são mais propensas a responder que o comprimento do Nilo é de 500 quilômetros, enquanto no segundo as estimativas giram em torno de 10 mil quilômetros em média. As novas avaliações são sempre comparadas internamente às informações existentes e depois ajustadas para mais perto ou mais longe desse padrão. Até que ponto âncoras ilusórias falsas podem ser utilizadas para influenciar nossas decisões é algo que depende do nosso conhecimento prévio sobre o assunto: quanto menos sabemos, mais nos valemos de novas informações como âncora. Na verdade, o rio Nilo tem 6.852 quilômetros de extensão.

Escovar os dentes duas vezes por dia, durante dois minutos, não é um desafio significativo quando comparado aos onze minutos que as crianças levam para vestir o cachorro ou aos 26 minutos que elas gastam digitando mensagens "importantes" no celular.

Aqui temos outro exemplo clássico desenvolvido por Tversky e Kahneman, os descobridores deste viés cognitivo:

Qual é o resultado da seguinte multiplicação:
1 × 2 × 3 × 4 × 5 × 6 × 7 × 8?
OU, qual é o resultado de:
8 × 7 × 6 × 5 × 4 × 3 × 2 × 1?

É interessante notar que, quando o primeiro número (a âncora) é 1, a estimativa média das pessoas é 512; entretanto, quando o primeiro número é 8, a estimativa média aumenta drasticamente para 2.250. A resposta, para as duas perguntas, é 40.320. Portanto, o primeiro número (baixo ou alto) determina nossas expectativas com relação ao tamanho da multiplicação.

A ancoragem pode também explicar por que as pessoas gastam mais dinheiro logo depois que recebem o pagamento – um saldo mais alto na conta dá a impressão de uma riqueza excedente. Mesmo quando, conscientemente, sabemos que o futuro não será tão cor-de-rosa, esse saldo estabelece a âncora para nosso comportamento em relação aos gastos.

As implicações da ancoragem para o marketing são claras. Se acreditamos que um carro vale 3 mil euros e o compramos por 1.500, ficamos convencidos de que fizemos um ótimo negócio; entretanto, isso não acontece se acreditamos que o valor original é de 1.600 euros. Assim, no marketing, os preços originais (ou padrões) são estabelecidos conscientemente, com o objetivo da negociação em mente. É claro que é extremamente fácil oferecer uma âncora eficiente, mas falsa quando nós, os compradores, não somos peritos em carros. Assim, o vendedor de carros sempre começa a negociação com um preço bastante alto. Toda situação em que as pessoas utilizam uma norma numérica apresenta o potencial de uso e abuso da ancoragem.

Já está provado que este viés é praticamente impossível de ser eliminado: mesmo quando se diz às pessoas que elas são suscetíveis à ancoragem e que esta será incluída nas informações que estão prestes a receber, ainda assim elas não se ajustam à tendência o suficiente. Até mesmo especialistas (como juízes, médicos e consumidores experientes) caem nela! Em resumo, os pesquisadores descreveram o efeito ancoragem como fácil de ser gerado, mas difícil de ser explicado (e nós fizemos o melhor que pudemos!).

Considerações finais

> Quando estão de bom humor, as pessoas são menos analíticas e, portanto, mais sensíveis à ancoragem.

> Em uma negociação, comece com um valor baixo porque, assim, você estabelece o parâmetro e as outras pessoas adaptarão suas contraofertas de acordo. A técnica funciona até mesmo quando a proposta inicial é, claramente, muito baixa.

> Âncoras não específicas (por exemplo, 100 euros) dão mais certo em negociações de ajustes de preços altos do que as específicas (como 99,99) porque elas indicam os incrementos pelos quais os ajustes futuros irão aumentar ou diminuir (euros ou centavos, respectivamente).

Eficácia
★★★★☆

Fator X
★★☆☆☆

Implementação
★★★☆☆

Conceitos relacionados

Heurística de Ajuste, Focalismo

A Cordaid pede uma doação de 1,50 euro para ajudar as comunidades africanas a melhorar suas condições de vida básicas. Ela compara os preços dos produtos luxuosos que normalmente compramos para nós mesmos (por exemplo, uma loção pós-barba por 35 euros) com o custo de uma casa em algumas comunidades africanas (6,50 euros). Ao definir esses padrões de comparação, a doação solicitada (de 1,50 euro) parece ser muito pequena.

HANDBAG € 32.-
Food for a week € 4.-
Text 'aid' to 2255 and donate € 1.50
People in Need
Cordaid

O segredo da minha influência é que ela sempre permaneceu secreta.

Salvador Dalí, surrealista

17
ASTROTURFING

A prova social falsa é usada para criar uma impressão de apoio popular

Originalmente, o termo *astroturf* se refere ao gramado sintético que é quase sempre encontrado em campos de esportes. A técnica do astroturfing consiste em criar a ilusão de que pessoas parecidas com você (das bases, do povo) apoiam uma ideia ou um produto específico. A prática é mais empregada do que se costuma acreditar e um sinal concreto de que as empresas sabem, exatamente, com que frequência você observa os outros em busca de uma orientação para suas próprias opiniões e comportamentos. Este método é empregado especialmente no mundo on-line, quase sempre para influenciar o processo de decisão.

Alguns especialistas estimam que um terço de todos os comentários feitos por consumidores é falso – por exemplo, patrocinado por partes interessadas. O recente aparecimento de um software avançado de "*persona management*" (que cria pseudônimos, perfis e localizações falsas, mas convincentes) torna cada vez mais difícil identificar quem é real no ciberespaço. Hoje, algumas empresas engenhosas oferecem resenhas de livros positivas no site da Amazon e em outros mercados on-line. As "curtidas" digitais no Facebook e os "seguidores" no Twitter podem, literalmente, ser comprados aos milhares para aumentar o número aparente de simpatizantes e, deste modo, criar uma ilusão de importância, confiança e prova social.

Outros exemplos são: indivíduos independentes que são pagos para criticar ou eliminar comentários negativos em fóruns e plataformas on-line (por exemplo, deletar ou alterar informações na Wikipédia); blogs contendo comentários elogiosos sobre produtos, que parecem ter

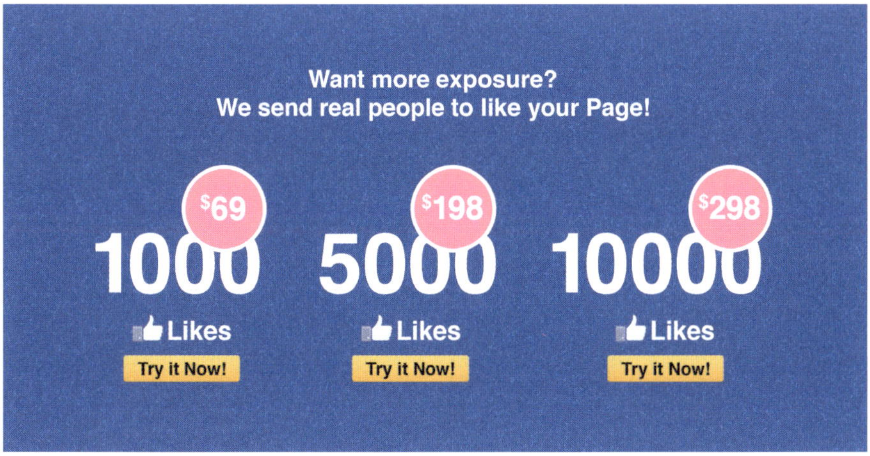

Compre curtidas no Facebook! Um número maior de "curtidas" demonstra mais apoio social e confiança. No mundo digital, a pergunta que isso desperta é: até que ponto são "reais" todas essas curtidas, esses seguidores no Twitter ou essas avaliações de produtos?

sido escritos por consumidores independentes, mas que, na verdade, são patrocinados pelos produtores; e grupos de apoio a pacientes ou médicos que recomendam determinados produtos, mas são patrocinados por empresas farmacêuticas.

Para o consumidor individual, é muito difícil descobrir as formas de astroturfing on-line. Entretanto, se o consumidor conseguir detectar e expor o uso desta técnica, é muito provável que isso resulte em um efeito bumerangue, ou seja, o consumidor acabará por desenvolver, como consequência, uma atitude negativa em relação à empresa ou à marca. Essas descobertas se espalham rapidamente e com muita facilidade pela internet e podem provocar efeitos negativos duradouros para a empresa em questão.

Considerações finais

> O astroturfing é antiético, desonesto e injusto e, portanto, deve ser evitado por empresas que querem ser vistas como instituições confiáveis, autênticas e com credibilidade.

Conceitos relacionados

Teoria do Agendamento, Operações de Bandeira Falsa, *Internet Water Army*, Marketing Viral

Eficácia
★★★★☆

Fator X
★★☆☆☆

Implementação
★★☆☆☆

18
ANTROPOMORFISMO

Quando uma marca ou produto é visto como se fosse um ser humano, as pessoas se sentem mais próximas e passam a gostar mais dele

Ao longo de toda a história da humanidade, podemos constatar que o homem sempre foi propenso a explicar vários eventos, tais como as forças da natureza ou o comportamento dos animais, atribuindo intencionalidade, pensamentos ou necessidades humanas a esses acontecimentos, como se eles fossem humanos. Aqui estão alguns exemplos: "A Natureza (ou até mesmo a Mãe Terra) está brava e armando uma tempestade" ou "Esta galinha está infeliz em seu galinheiro e gostaria de estar solta no mato, onde estaria livre".

O antropomorfismo está presente também nos primeiros anos do nosso desenvolvimento; quando crianças, podemos nos apegar a um pedaço de pano, brincar com bichos de pelúcia ou chorar quando assistimos a *Bambi* (filme da Disney). Até mesmo quando nos tornamos mais velhos e experientes, nosso cérebro continua a tentar ver as coisas que nos rodeiam como se fossem humanas (observe que esta frase em si é um exemplo de antropomorfismo). Embora *Pinóquio* (no filme da Disney) não passe de uma animação sobre uma marionete de madeira, quando assistimos ao filme com nossos filhos acabamos torcendo pelo pequeno boneco, chorando com ele, compartilhando de seus sonhos e emoções e tendo sentimentos de alegria e entusiasmo no final feliz do filme.

O antropomorfismo nos liga aos objetos. Quando antropomorfizamos, achamos que o objeto, a marca, o produto ou o animal é realmente parecido conosco (VER TAMBÉM AFINIDADE). Temos a tendência de atribuir pensamentos e emoções aos objetos de uma maneira parecida com a qual vivenciamos as coisas por nós mesmos, o que estimula a afeição e a em-

A Refisal acrescenta aditivos potencialmente benéficos aos seus produtos à base de sal. Tais ingredientes, como ácido fólico e ferro, estão relacionados ao preparo físico, à força e à saúde. Neste anúncio, a Refisal mostra o que um aditivo saudável faz: melhora a saúde do alimento que você come. Neste caso, o sal com aditivos torna o frango e os brócolis mais benéficos. O antropomorfismo está expresso por meio do emprego da metáfora com o treinador e o atleta, fazendo que o papel do produto em relação ao alimento seja fácil de compreender e com que ele "pareça" mais atraente.

O macaco e o urso-polar expressam emoções de vergonha ou descrença que remetem às humanas. As emoções secundárias (como vergonha, descrença, culpa, orgulho etc.) são tidas como exclusivamente humanas, enquanto as emoções primárias (como medo, raiva, felicidade etc.) são consideradas sentimentos compartilhados por outras espécies. As emoções expressas, portanto, sugerem características semelhantes às do ser humano, resultando em uma influência que ocorre através de dois meios: nós nos sentimos mais próximos dos animais e dividimos com eles sua vergonha e descrença. Por conseguinte, somos motivados a fazer doações à WWF.

Heineken

O famoso exemplo da Heineken: inclinando-se as letras “e” da palavra Heineken um pouco para a esquerda, elas parecem sorrir. Isso faz que o logo pareça mais feliz e simpático e, portanto, apresente uma semelhança com o ser humano.

O Biopark projeta os atributos humanos “limpo” contra “drogado” nos vegetais. A ausência de pesticidas, aditivos e outras substâncias representa vegetais saudáveis. Quem quer expor sua família e a si mesmo a vegetais “drogados”?

patia pelo objeto. Quanto mais gostamos da propaganda de um produto e desenvolvemos “sentimentos” para com ele, maior a probabilidade de nos ligarmos a ele e, assim, comprarmos o produto anunciado.

Embora nosso cérebro adore antropomorfizar e tente fazer isso sempre que possível (lá vamos nós de novo!), algumas técnicas podem ser empregadas pela publicidade para acentuar esse efeito. Em anúncios visuais, podemos dar a um objeto a forma humana, como a silhueta, braços e pernas, expressões faciais etc. Alternativamente, em um texto, podemos descrever um objeto como se ele fosse um ser humano, incluindo sentimentos e pensamentos que ele possa ter ou uma experiência pela qual possa vir a passar. Nos comerciais para a televisão, os objetos podem ganhar vida simplesmente ao fazermos que eles se movam e se comportem intencionalmente ou ao fazermos que pareçam humanos.

É claro que, quando tornamos um produto semelhante a um ser humano, ele deve transmitir simpatia ou, do contrário, poderemos induzir no consumidor um forte sentimento de aversão pelo produto ou uma despersonalização.

Eficácia
★★★☆☆

Fator X
★★★★★

Implementação
★★★★☆

Considerações finais

> As pessoas querem desenvolver uma ligação com as marcas e os produtos, portanto, tente facilitar ao máximo a criação desse vínculo.
> Utilize formas e comportamentos parecidos com os dos seres humanos para aumentar o antropomorfismo.
> Quando as pessoas antropomorfizam, elas não apenas associam o produto ao ser humano em geral, mas também a si mesmas.

Conceitos relacionados

Empatia, Personificação, Afinidade, Simulação

A Vigor Plant vende material para amadores e profissionais que desejam melhorar a saúde das plantas. É mais fácil vender este tipo de produto quando as pessoas acham que as plantas precisam deles. Em vez de descrever o quanto as plantas ficarão bonitas, a Vigor Plant sugere que elas podem sofrer (e que você pode solucionar esse problema comprando os produtos Vigor Plant) utilizando o famoso símbolo da coroa de espinhos do sofrimento de Jesus – o que deixa a planta mais parecida com um ser humano (ou com Jesus) e reforça o nosso instinto impulsivo de ajudar a "pobre" planta.

19
CONFIABILIDADE

Um rosto confiável vale por mil palavras

As pessoas confiam em sinais indicativos como medalhas, diplomas, prêmios e cartas de recomendação (VER AUTORIDADE) para distinguir se a fonte tem credibilidade ou não. Uniformes e outras pistas relacionadas ao vestuário representam outra forma rápida de sinalizar para as outras pessoas que a mensagem vem de uma fonte confiável. Exibir esses sinais na publicidade sugere confiabilidade.

Entretanto, a forma mais impressionante de detectar confiabilidade se dá por meio da percepção facial, porque processamos automaticamente todos os tipos de características do rosto e fazemos inferências (in)conscientes com base nesses traços. Isso acontece com grande consenso, o que sugere o uso de sinais físicos universais para julgar rapidamente as pessoas em relação a determinados traços (por exemplo, agressividade e extroversão). A informação extraída de um rosto com mais rapidez é a confiabilidade (mais depressa até do que a atratividade). A proporção entre a largura e a altura do rosto (índice fWHR, do inglês *facial width-to-height ratio*) é o sinal mais associado aos julgamentos de confiabilidade. Esse índice corresponde à razão entre a largura (a distância entre as duas extremidades da face) e a altura (a distância entre o lábio superior e a sobrancelha) do rosto. Quando o rosto é relativamente longo, ele é percebido como mais confiável se comparado a um mais largo.

Ainda em relação à confiabilidade, olhos castanhos são considerados mais confiáveis do que olhos azuis, muito provavelmente porque a cor dos olhos está correlacionada a características faciais percebidas inconscientemente, como felicidade (marrom) ou raiva (azul). Exemplos de outras

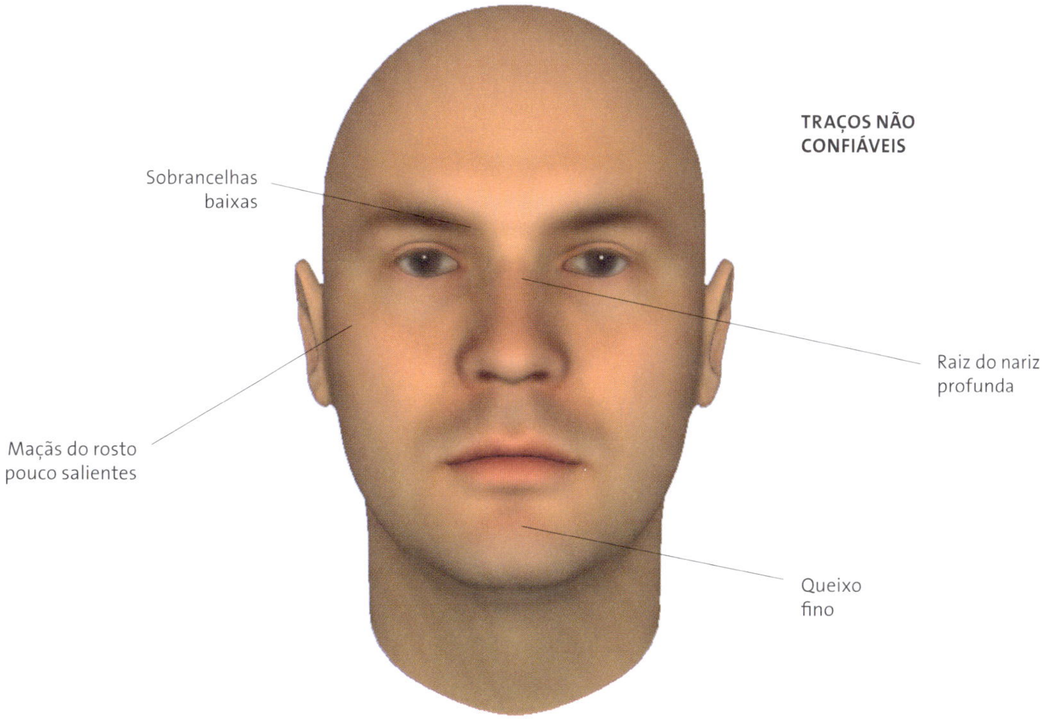
TRAÇOS NÃO CONFIÁVEIS
Sobrancelhas baixas
Raiz do nariz profunda
Maçãs do rosto pouco salientes
Queixo fino

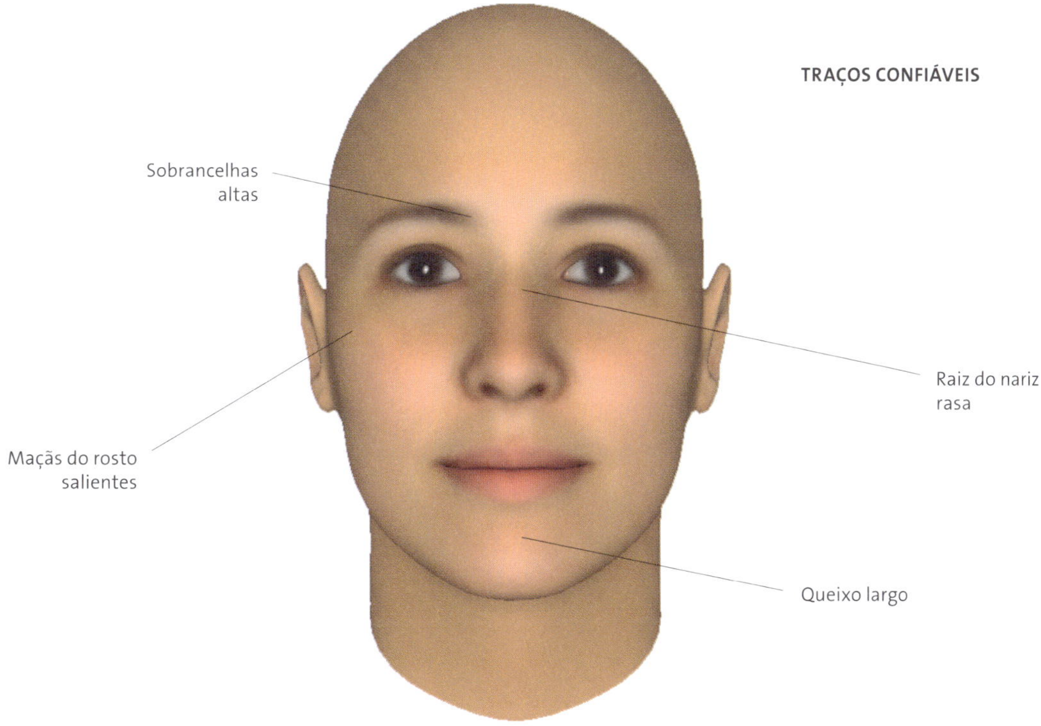
TRAÇOS CONFIÁVEIS
Sobrancelhas altas
Raiz do nariz rasa
Maçãs do rosto salientes
Queixo largo

Os dois gráficos deste capítulo nos oferecem uma visão geral de vários índices (complementares ao fWHR) que nosso cérebro utiliza, inconscientemente, para fazer inferências sobre a confiabilidade das pessoas que observamos. Com base nesses índices, nós – os três autores deste livro – talvez tenhamos sorte por se tratar de um livro e não de um DVD. É claro que o sorriso também é importante. Como dizia Madre Teresa, a grande embaixadora do poder de um sorriso: "A paz começa com um sorriso." Mas observe que um sorriso que se abre aos poucos é considerado mais confiável do que um que surge rapidamente.

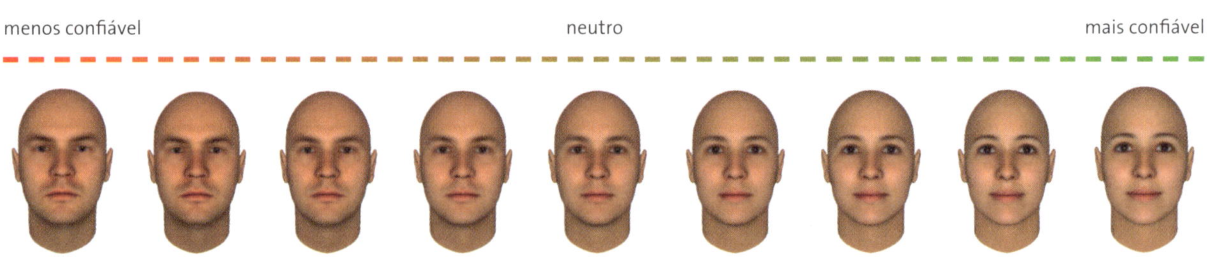

características faciais que indicam confiabilidade são o tamanho dos olhos, o tipo de sorriso e o rostinho de bebê.

Há uma grande discussão em torno da possibilidade de que o índice fWHR, ou características faciais semelhantes, esteja relacionado a um comportamento confiável. Será mesmo que uma pessoa com fWHR alto é menos confiável do que alguém com fWHR baixo? Na melhor das hipóteses, deve haver alguma relação – por menor que seja. Entretanto, muitos estudos não encontraram nenhuma relação, o que significa que ela pode estar simplesmente nos olhos de quem a vê.

É claro que, embora essas características faciais não pareçam fazer previsões significativas sobre o comportamento, uma vez que os seres humanos apresentam a tendência forte e universal de associá-las à confiabilidade de forma inconsciente e espontânea, é bom tê-las em mente na hora de escolher modelos para uma campanha publicitária ou um anúncio.

Além disso, a confiabilidade é razoavelmente fácil de ser alterada graficamente utilizando-se um programa de manipulação de fotografias. Isso significa que modelos ou agentes reais e virtuais podem ter sua imagem retocada para transmitir o máximo de confiabilidade.

Considerações finais

> Julgamos os rostos espontaneamente quanto a seu grau de confiabilidade e desenvolvemos um sentimento mais positivo em relação a propagandas que apresentam rostos confiáveis.

> Nossos julgamentos acerca da confiabilidade não predizem o quanto podemos realmente confiar em uma pessoa, mesmo assim deixamos que esse julgamento influencie as decisões que tomamos.

> Outros sinais não físicos de confiabilidade (como medalhas, recomendações, cargos etc.) também afetam nossas impressões quanto a uma propaganda ou produto.

Eficácia
★★★☆☆

Fator X
★★★★☆

Implementação
★★★★☆

Conceitos relacionados

Credibilidade, Conhecimento sobre a ocitocina (hormônio), Assimetria Facial

20
RUPTURA E REFORMULAÇÃO

Distrair a atenção dá aos anunciantes a oportunidade de reformular e tentar vender novamente uma proposta que já foi rejeitada

Algumas vezes é preciso fazer a pessoa sair da sua zona de conforto e se abrir para novas informações. Quando as pessoas não apresentam interesse ou estão concentradas em sua rotina diária, elas se mostram resistentes ou simplesmente não lhe dão atenção. Você pode quebrar essa barreira empregando uma técnica de ruptura. Quando os alvos são distraídos ou surpreendidos, sua atenção é capturada e eles ficam mais propensos a concordar com a proposta que lhes é apresentada logo em seguida.

As técnicas de ruptura introduzem um elemento inesperado, que atrai a atenção do público e atravanca momentaneamente o seu pensamento crítico – "abrindo as portas" para mais persuasão e aquiescência. Em vez de pedir "dinheiro", por exemplo, um mendigo pode pedir "39 centavos". Esse pedido inusitado é uma ruptura – atrai a atenção, quebra a resistência inicial e instantaneamente leva a mais respostas positivas.

Outras técnicas de ruptura introduzem um elemento adicional. A técnica de ruptura e reformulação (DTR, do inglês *disrupt-then-reframe*) também emprega o elemento surpresa, mas é depois seguida por uma reformulação da proposta. Um vendedor pode dizer, por exemplo: "Este baralho custa 300 centavos (ruptura)... São 3 dólares. É uma pechincha (reformulação)!" Primeiro, o elemento surpresa é utilizado para fazer a pessoa deixar de lado sua resistência habitual contra vendedores. A seguir, sua atenção e seus processos cognitivos são ativados para interpretar a ocorrência incomum. O elemento de reformulação ajuda o alvo a reorganizar a situação de uma forma positiva (é mesmo... 300 centavos são apenas 3 dólares!).

HIPSTERS DESERVE TO DIE
IF THEY HAVE LUNG CANCER. Many people believe that if you have lung cancer you did something to deserve it. It sounds absurd, but it's true. Lung cancer doesn't discriminate and neither should you. Help put an end to the stigma and the disease at NoOneDeservesToDie.org.
LUNG CANCER ALLIANCE

A mensagem contraintuitiva de que "hipsters", "amantes de gatos" ou "tatuados" merecem morrer faz você parar e tentar entender o que está acontecendo. A reformulação no texto à direita do anúncio explica que ele se refere ao câncer de pulmão e que as pessoas costumam acreditar que os pacientes com câncer de pulmão fizeram alguma coisa para merecer isso (por exemplo, fumar) ou que eles têm "genes ruins". Esta propaganda procura convencer os leitores de que esse tipo de câncer pode acometer qualquer pessoa e, portanto, todos deveriam se envolver e doar dinheiro para as pesquisas pela cura da doença.

Assim, as técnicas de ruptura tanto podem se concentrar em capturar a atenção do alvo como em mudar sua percepção da situação, e são amplamente empregadas e muito fáceis de serem aplicadas na comunicação visual. As imagens, por exemplo, podem ser trabalhadas com esta técnica para apresentarem características surpreendentes, estranhas e inesperadas. Além disso, o elemento surpresa é quase sempre engraçado (um dos principais ingredientes do humor é um elemento inesperado ou uma inconsistência; VER HUMOR). Entretanto, embora as rupturas estejam intimamente ligadas ao humor, elas não precisam necessariamente ser engraçadas para serem eficazes – só incomuns.

A eficácia dessas técnicas é comprometida quando as coisas ficam muito esquisitas ou a situação é percebida de forma negativa pelo público. O elemento inesperado não deve assustar nem desagradar as pessoas; isso provavelmente as afastaria em vez de atrair sua atenção para o anúncio. Além do mais, a mensagem envolvida precisa conduzir a uma resposta positiva, ou seja, não será possível atingir os resultados esperados apenas induzindo uma surpresa, sem que haja uma mensagem ou um pedido claro. Por fim, a surpresa inicial deve ser seguida tanto por uma nova interpretação como por uma possibilidade de ação.

Considerações finais

> A técnica DTR se originou a partir de experiências com vendas de porta em porta.

> A DTR também costuma ser empregada em números de hipnotismo – ela faz que as pessoas baixem a guarda por um instante, não oferecendo resistência a entrar no estado de transe.

Eficácia
★★★☆☆

Fator X
★★★★☆

Implementação
★★★☆☆

Conceitos relacionados

Gangorra Emocional, Técnica *Foot In The Mouth*, Pedidos Incomuns

Uma imagem provocante, que chama a atenção e faz lembrar os tiroteios ocorridos em escolas, como o de Columbine. A foto de uma criança armada ao lado de um colega que segura um objeto inofensivo provoca surpresa e, imediatamente, leva o espectador a tentar compreender seu sentido. O texto no alto do anúncio sugere uma resposta inesperada e incentiva as pessoas a analisar a imagem novamente para solucionar o enigma. A necessidade imediata de transferir o foco de sua atenção a fim de descobrir o significado desta imagem diminui temporariamente a resistência do espectador à mensagem. No entanto, cabe aqui uma advertência: imagens muito provocantes podem acabar tendo um efeito contrário.

I love to be single is looking for partner.

For all life's twists and turns:
Flexible financial plans.

SwissLife

O texto do anúncio representa de maneira muito clara a técnica da ruptura pelo fato de ser gramaticalmente incorreto ou simplesmente incompreensível. A reformulação se encontra no texto menor e explica que ele representa as mudanças que ocorrem ao longo de nossa vida. Por exemplo, antes você era solteiro (e adorava essa condição), mas agora está comprometido. Ou então, antes você se concentrava apenas na sua carreira, mas agora que tem filhos, eles se tornaram seu interesse primordial. A SwissLife utiliza a técnica da ruptura mostrando que situações ou perspectivas que são novas, e que provocam uma mudança, podem incorrer em novos planos financeiros.

My career is the most important thing are my children.

For all life's twists and turns:
Flexible financial plans.

SwissLife

21
METÁFORAS

A caneta é mais poderosa do que a espada

Uma boa metáfora pode sensibilizar mais as pessoas do que o melhor dos argumentos. Reforçando o fato de que sabemos disso por instinto, algumas estimativas afirmam que as pessoas que falam inglês empregam uma metáfora a cada 25 palavras! A utilização de metáforas gera sentimentos e ideias por meio de simples associações, que são extremamente difíceis de se contra-argumentar com o uso da lógica.

Em resumo, as metáforas simplificam e atuam nos atalhos emocionais e mnemônicos que temos em nosso cérebro, usados para orientar nosso comportamento. Se a concorrência é "feroz", precisamos nos armar e eliminá-la primeiro utilizando a força. Se a economia está "morrendo", precisamos desenvolver um remédio ou antídoto o mais rápido possível contra a doença que a está atacando. Se um sistema operacional é um "leão da montanha", ele deve ser forte, adaptável, eficiente e incomum.

Assim, o que a metáfora faz é sugerir que dois objetos ou domínios sem relação um com o outro compartilhem propriedades importantes. As propriedades em questão são limitadas apenas pela criatividade – não há um limite lógico para aquilo a que um produto ou uma ideia pode ser comparado. A metáfora só precisa ser direcionada à imaginação ou às emoções do público. Quando ouvimos, lemos ou vemos uma metáfora, temos a sensação de que o conceito ou produto original é semelhante à metáfora. Essa experiência é importante porque não entenderíamos a metáfora sem ela. No momento em que entendemos uma comparação metafórica, criamos, inevitavelmente, uma associação, e por ser apenas uma associação mental, não podemos empregar nossa racionalidade para argumentar contra ela.

Uma metáfora sugere que dois objetos ou domínios sem relação um com o outro compartilham propriedades importantes.
A relação entre os dois elementos pode se basear em uma conexão ("A está associado a B"), em uma semelhança ("A é parecido com B"), ou em uma oposição ("A é diferente de B"). Às vezes, precisamos de algum tempo para entender a metáfora, mas uma vez compreendida, é inevitável que se crie a associação. São três as principais estruturas para uma metáfora visual: justaposição (duas imagens lado a lado), fusão (duas imagens combinadas) e substituição (a imagem presente aponta para uma imagem ausente).
Este anúncio da Sekai mostra um enorme leão poderoso no meio da foto, pronto para ir passear. A imagem do carro está presente no canto esquerdo do anúncio. Utilizando a abordagem da justaposição, estas imagens criam uma conexão, de modo que os atributos do leão sejam associados ao carro.

BYE
CHANGE YOUR HEAD

A propaganda da empresa de capacetes Bye utiliza uma metáfora ao apresentar uma substituição. O capacete é substituído por mãos, colocadas umas sobre as outras na forma de um capacete, protegendo a cabeça delicada de forma cuidadosa e segura. Esta imagem estabelece uma sensação de confiança e conforto.

A marca Esso nunca quis dizer que devemos colocar um tigre de verdade no tanque de combustível do nosso carro. Entretanto, os conceitos de força, potência e poder são inevitavelmente ativados com essa associação entre a gasolina e o tigre. A beleza das associações está no fato de ser o receptor quem, de maneira inconsciente, cria essas subassociações. Por isso, é muito fácil comparar qualquer produto, oferta ou serviço a um conceito que seja universalmente compreendido como algo extraordinariamente positivo (por exemplo, tão poderoso como dois sóis, maior que a vida etc.) e se dar bem – por mais ridícula que a comparação possa ser!

Por causa da linguagem indireta e dos elementos visuais utilizados na metáfora, levamos mais tempo para detectar as falsas metáforas do que quando o argumento é literal. Isso se deve, em parte, a um conceito conhecido como indeterminação sintática. Uma vez que a linguagem literal sempre segue uma estrutura lógica e faz que os argumentos sejam claros, estes podem ser dissecados e testados com toda facilidade. A sintaxe de uma imagem ou de uma metáfora, porém, é mais velada e não se destina a descrever a realidade – o que a torna, portanto, indeterminada. Não podemos contra-argumentar facilmente associações e histórias que são meras sugestões.

Nesta campanha, a dimensão metafórica da imagem fornece a resposta à pergunta retórica inserida no canto superior direito: "Para onde vai o seu lixo?" No fim das contas, o lixo jogado no chão vai terminar na água. A metáfora é estabelecida pela fusão de duas imagens: o chão e a representação da fisicalidade da água.

Eficácia
★★★☆☆

Fator X
★★★★☆

Implementação
★★★☆☆

Considerações finais

> Quando se descreve algo positivo, as metáforas intensas e dinâmicas são as melhores (por exemplo, "O valor da sua casa está disparando"), mas quando se descreve algo negativo é melhor empregar metáforas sem vivacidade ou com pouca ação (como "O valor da sua casa caiu"). Essas diretrizes destacam a intencionalidade e a prontidão de situações positivas, ao mesmo tempo em que tornam uma situação negativa menos ameaçadora.

> As metáforas devem ser empregadas no começo de uma frase ou proposta. Assim, elas se tornam as lentes através das quais a informação subsequente será interpretada.

> A moda hoje é utilizar metáforas orgânicas ou biológicas "verdes" para descrever produtos. Computadores, carros e canetas passam a irradiar um pouco do poder majestoso da natureza.

Conceitos relacionados

Alegoria, Hipérbole, Rotulagem, Analogia

WHERE DOES YOUR RUBBISH GO?
KAB.ORG.AU
Keep Australia Beautiful

22

IMPLEMENTAÇÃO DE INTENÇÕES

A implementação de intenções ajuda as pessoas a atingir seus objetivos passo a passo

O fato de as pessoas terem uma atitude positiva no sentido de se engajarem em um determinado comportamento não significa, necessariamente, que elas irão agir. Quando você tem um objetivo abstrato, por exemplo, "Eu quero emagrecer", pode passar a vida inteira com isso em mente, mas nunca realmente colocar em prática. A procrastinação ou a falta de urgência pode fazer você pensar, repetidamente: "Amanhã eu começo." A implementação de intenções, entretanto, exige que você trace um plano de como vai realizar (implementar) um determinado comportamento ou objetivo (intenção). Com a implementação de intenções, você elabora um plano concreto indicando onde e quando atingirá seu objetivo, por exemplo: "Hoje, às cinco da tarde, depois do trabalho, eu vou para a academia." Neste caso, ou você será bem-sucedido ou fracassará – não há ambiguidade quanto ao objetivo ter sido atingido ou não.

Além disso, ao planejar a ação de maneira concreta, o momento definido (neste caso, às cinco horas da tarde) funcionará como um sinal para a ação. Ou seja, quando o relógio der cinco horas, esse sinal visual pode lembrar você de seu plano de ir para a academia. Foi comprovado que a implementação funciona em uma variedade de comportamentos, apresentando resultados duradouros. Embora esta técnica seja empregada principalmente em comportamentos relacionados à saúde e ao meio ambiente, ela pode ser aplicada a praticamente qualquer comportamento em que haja o risco de que o plano não seja executado. Entretanto, os comportamentos que são recompensadores por si mesmos, como beber cerveja, fazer sexo e comer fast-food, não precisam dessa "pequena mãozinha".

O município de eThekwini, na África do Sul (nos arredores de Durban) tenta fazer que as pessoas adotem determinados hábitos que economizam energia em vez de estabelecer um objetivo genérico de "economizar energia". Neste exemplo, foi acrescentado um elemento para aumentar a probabilidade de que as pessoas implementem essa intenção: "Eu prometo economizar 10% de energia" – uma promessa, por si só, é uma técnica de comprometimento. A combinação da promessa com os passos concretos para se cumprir o prometido é a base para uma implementação de intenções eficiente.

A implementação de intenções faz parte de uma classe mais ampla de técnicas de comprometimento. Em todas essas técnicas, o objetivo é transformar uma atitude em comportamento por meio do comprometimento consciente. Embora a implementação de intenções, teoricamente, represente uma classe especial de compromisso, na vida real existe uma sequência que define, especificamente, como a ação será planejada. Por exemplo, o planejamento de como a ação será realizada pode variar desde um simples compromisso ("Sim") até o momento e lugar exatos para a execução da atividade ("Eu vou para a academia hoje, às cinco horas da tarde").

Um dos maiores problemas enfrentados pela publicidade é fazer que as pessoas não apenas gostem do produto, mas que elas comprem. As propagandas podem nos convencer e seduzir com as fotografias, pessoas e promessas mais bonitas enquanto as observamos, mas é bem provável que essas atitudes positivas se dissipem ou sejam esquecidas com o tempo. Quando conseguimos fazer que as pessoas implementem em sua mente essa intenção, enquanto olham para um anúncio, aumentam as chances de que elas venham a planejar e executar sua intenção de comprar depois (quando o anúncio estiver longe dos olhos e da mente).

A WWF utiliza uma variação simples da implementação de intenções neste anúncio on-line com um urso-polar: "Clique para ajudar". O efeito de se clicar pode ser visualizado na própria imagem, onde os cursores, que são necessários para dar o clique que salva, formam o iceberg fundamental à deriva, que salva o urso-polar.

O grande desafio, neste caso, é como incutir essas intenções nas pessoas por meio de um meio unidirecional, como a propaganda. Algumas técnicas possíveis envolvem poder e autoridade ("Planeje agora onde e quando você comprará este produto") ou perguntas diretas ("Quando e onde você comprará isto?"). Se o anúncio conseguir estimular as pessoas a pensarem nas ações específicas para implementar a compra, as chances de êxito aumentam consideravelmente. A implementação de intenções é usada com frequência em ambientes digitais (como pesquisar, encontrar, escolher e pagar) porque o comportamento real (comprar) está a apenas alguns cliques de distância, podendo ser controlado e guiado com mais facilidade.

Eficácia
★★★☆☆

Fator X
★★★★☆

Implementação
★★☆☆☆

Considerações finais

- As pessoas superestimam o poder de ter objetivos genéricos, cuja implantação concreta é necessária.
- O grande desafio é conseguir fazer que as pessoas pensem efetivamente como executarão o comportamento.
- A implementação de intenções funciona particularmente bem para comportamentos relacionados à saúde, sustentabilidade e segurança.

Conceitos relacionados

Comprometimento, Autopersuasão de intenções

Em uma tentativa de evitar a intoxicação alimentar, a organização norte-americana foodsafety.org iniciou uma ampla e envolvente campanha para que as pessoas manipulem e preparem sua comida de maneira segura. O objetivo "Eu vou manipular e preparar minha comida de maneira segura" não é o suficiente. Assim, são apresentados passos específicos a serem seguidos durante o preparo da comida: o manipulador e os utensílios que ele usará devem estar limpos; alimentos contaminantes precisam ser separados dos demais; as temperaturas de cozimento e ao servir são importantes; e determinados alimentos precisam ser resfriados (e guardados) corretamente. Esta campanha pretende gerar reflexões concretas, como: "Toda vez que eu comprar qualquer alimento que possa me causar uma intoxicação, seguirei esses passos – limpar, separar, cozinhar e resfriar."

Os passos para a implementação de intenções simples são processados facilmente e, portanto, atraem nossa atenção. Quando somos expostos a essas mensagens, pensamos: "Espera aí, o que é isso?!" Posteriormente, entendemos que a intenção proposta é, na verdade, "Na próxima vez em que for ao supermercado, NÃO compre lenços de papel Kleenex, assim você estará salvando as seculares florestas boreais canadenses".

23
RECIPROCIDADE

Receber um presente cria a obrigação social de retribuir

Eis aqui uma situação muito comum em supermercados: um promotor da loja, muito simpático, oferece uma amostra de algum alimento. Automaticamente, você aceita e logo em seguida se sente obrigado a comprar o produto. Por quê?

A razão pela qual compramos os produtos apresentados em um cenário como este descrito acima está ligada à nossa necessidade inerente de reciprocidade após recebermos algo – uma das regras sociais humanas mais básicas. Sentimo-nos compelidos, ou mesmo obrigados, a retribuir favores. Ao retribuir um favor, preservamos o equilíbrio de "dar e receber" que é esperado em qualquer relacionamento social saudável. A eficácia da técnica se deve, em parte, à diferença que existe entre o tamanho da reciprocidade e o do favor inicial. Em outras palavras, muitas vezes um pequeno presente leva a uma necessidade de retribuir que é desproporcionalmente maior.

A reciprocidade existe em virtude das normas sociais – regras, que ficaram gravadas desde o tempo em que éramos crianças, sobre como tratar os outros em nossa sociedade. Por isso, retribuir um favor se tornou um símbolo de construção de um relacionamento em que há compreensão mútua e confiança. Dar presentes é uma abordagem muito útil para construir uma relação comercial duradoura entre o cliente e o varejista. Exemplos de presentes simbólicos que exigem pouco esforço e têm uma alta probabilidade de retorno são um sorriso, um leve aceno de cabeça e pequenos toques simpáticos. Presentes tangíveis de pouco esforço incluem bótons, canetas, bloquinhos adesivos etc. Esses presentes simples são adequados para o estabelecimento de uma empatia inicial, mas não necessariamen-

FREE

Uma amostra grátis é outra forma bem conhecida do emprego da técnica da reciprocidade. Ela pode ter praticamente qualquer aparência possível: uma amostra de xampu anticaspa que vem com uma revista, uma loteria que oferece o primeiro bilhete grátis, a primeira edição gratuita de uma revista, ou (como descrito anteriormente) uma porção de azeitonas oferecida como amostra em um supermercado. É claro que um dos principais objetivos é fazer que as pessoas experimentem os benefícios do produto na esperança de que elas pensem: "Puxa, estas azeitonas são gostosas! Vou comprar dez vidros." O efeito adicional se encontra na reciprocidade: "Eles me deram tal coisa de graça e agora eu preciso mostrar que gostei, fazendo algo em troca."

São muitos os exemplos de reciprocidade, mas o mais famoso e citado é, muito provavelmente, a abordagem empregada pelos seguidores do movimento Hare Krishna: "Eu lhe dou uma flor e depois peço que você faça uma doação." É importante observar que a reciprocidade é diferente da recompensa. Uma recompensa é algo como "Se você fizer uma doação, nós lhe damos esta flor." O xis da questão está em quem toma a iniciativa de dar – na reciprocidade, é sempre o influenciador quem começa. A propósito, em 1999, a Suprema Corte dos Estados Unidos proibiu este tipo de pedidos em aeroportos.

te levam a uma retribuição de favor. Para garantir a reciprocidade, é importante que o alvo sinta que o presente ou favor inicial tem algum valor, um custo significantemente alto para quem o dá ou faz.

A reciprocidade pode aumentar, mas não necessariamente, quando há mais simpatia por quem oferece alguma coisa. Um experimento clássico realizado por Dennis Regan mostrou que, depois de receber um refrigerante de um pesquisador, as pessoas compravam dele, mais tarde, duas vezes mais bilhetes de uma rifa. O grau em que os participantes relataram ter gostado do pesquisador não influenciou a quantidade de bilhetes que eles compraram; em vez disso, as compras de bilhetes foram influenciadas pelo nível de compromisso que elas sentiram ter de retribuir o favor. É importante destacar que a quantia total gasta nos bilhetes da rifa foi mais alta que o valor do refrigerante oferecido. Esse efeito pode ser encontrado em quase todos os experimentos realizados sobre a reciprocidade, demonstrando que o ganho em retribuição é maior do que o custo do presente original.

Considerações finais

> O presente deve ser oferecido logo no início, e não no final da venda.
> Qualquer coisa pode ser um presente: cupons, pontos oferecidos como bônus, descontos especiais ou algo exclusivo.
> Quanto mais as pessoas sentirem que o presente é um favor pessoal do ofertante, maior a retribuição.
> O ofertante deve ser alguém que transmita confiança e autenticidade, sem demonstrar expectativas de retribuição.
> O tiro pode sair pela culatra: é bem provável que qualquer ação negativa tenha uma recíproca mais violenta.

Eficácia
★★★☆☆

Fator X
★★★★☆

Implementação
★★☆☆☆

Conceitos relacionados

Jogos de Ultimato e Ditador, Teoria dos Jogos, Normas Sociais

24
GOD TERMS

Algumas palavras são tão intrinsecamente boas que é difícil dizer "não" a elas

Martin Luther King foi um perfeito mestre da retórica, dos discursos e da inspiração, sempre empregando palavras que transmitiam fortes sentimentos, tanto positivos como negativos. Isso tornava suas declarações ainda mais poderosas, sendo muito difícil discordar delas. Em muitos de seus discursos, os principais termos usados eram "igualdade", "liberdade" e "justiça" – termos aos quais todos os homens atribuem grande valor – e usar essas palavras para expressar suas ideias e crenças aumentou muito a atratividade e o valor moral delas. Quem poderia discordar de algo que promove a igualdade? Por que você seria contra uma ação que resultará em liberdade? Seguindo-se a mesma linha, pensamentos e pessoas contrários podem ser caracterizados por termos como "cruel", "malvado" e "detestável". Quem gostaria de ser integrante do grupo das "pessoas más"? Por que você daria seu apoio a algo "detestável"?

"God terms" (ou termos de Deus) são palavras que evocam coisas positivas e "boas". Kenneth Burke (filósofo e crítico literário norte-americano que cunhou o termo) usou exemplos como "progresso" e "democracia". Por outro lado, "devil terms" (ou termos do Diabo) são palavras que evocam coisas negativas e ruins, como "terrorista", "deterioração" e "desigualdade". Na política, na guerra, na publicidade e em outras formas de rivalidade, um dos lados alegará superioridade moral descrevendo seus próprios feitos com o uso de "God terms", enquanto descreve os dos outros (talvez até os mesmos feitos) usando "devil terms".

FELICIDADE MÁGICO
AMOR
INCRÍVEL
SAUDÁVEL UNIÃO ESPERANÇA
INTELIGENTE CONTROLE
NOVO
DESCOBRIR SALVAR
MARAVILHOSO
MELHOR FORÇA ALMA
PAIXÃO ALEGRIA
CONFIANÇA
PODER PAZ
GRANDE VENCEDOR

Esta nuvem de palavras contém somente "God terms". É uma verdadeira festa para nosso cérebro ler palavras tão bonitas, fortes e positivas. Se uma marca estivesse associada a esta nuvem de palavras, poderia dominar o mundo.

Este anúncio da marca icônica Jack Daniels é um exemplo perfeito do uso de "God terms". A breve afirmação "A liberdade é um direito, a independência é uma escolha" contém uma proporção colossal desses termos (quatro palavras de um total de oito) e transmite uma qualidade altamente filosófica e motivacional. Liberdade, direito, independência e escolha são coisas que todos apreciam e almejam ter. Quando você lê e compreende esta mensagem, pode ter a sensação de que se trata de uma lição de vida. Mas o que realmente está sendo dito aqui? Como é que comprar ou beber um Jack Daniels pode ajudar você a alcançar esta melhoria implícita em sua vida?

Simplificando tudo isso um pouco, muitas palavras têm conotações inerentes positivas ou negativas, principalmente porque elas se referem aos desejos, necessidades e medos que as pessoas sentem. Por exemplo, você pode vender um detergente porque ele limpa bem ou pode dizer que ele promove a saúde e a segurança. Estes últimos termos carregam sentimentos mais positivos e estão ligados à necessidade humana universal de segurança. Qualquer palavra que ative fortemente uma necessidade ou um medo pode ser usada como "God term ou "devil term".

Aqui estão alguns exemplos:
- Amizade, amor, união, apoio (necessidade de pertencer)
- Saúde, proteger, defender, cuidar (necessidade de segurança)
- Inteligência, beleza, atração, competência (necessidade de estima)
- Liberdade, escolha, valor, individual (necessidade de autonomia)

"God terms" e "devil terms" são empregados com muita frequência na publicidade. Pensar sobre as palavras mais fortes para se apresentar um produto, uma marca e seus atributos é uma das principais tarefas dos redatores das agências de publicidade. Em sua essência, esta técnica depende de uma forma de condicionamento – uma palavra com qualidades intrínsecas é equiparada a seu produto ou marca, reforçando assim a representação dessa marca.

Considerações finais

> "God terms" e "devil terms" atuam sobre as nossas necessidades. Empregar essas palavras desperta no alvo as respectivas necessidades.

> Quando determinados "God terms" ficam muito populares durante um período, o poder de seu uso se deteriora.

Conceitos relacionados

Dupla Linguagem, A Terra Prometida

Eficácia
★★★☆☆

Fator X
★★★☆☆

Implementação
★★★★★

Quando perguntam sobre o poder da propaganda em pesquisas de mercado, a maioria das pessoas concorda que ela funciona, mas não com elas.

Eric Clark, jornalista e escritor

25
SEXO

O sexo vende?

Não se pode discutir o uso do sexo na publicidade – ele é, de longe, o recurso mais óbvio e o mais usado para promover produtos. Desde o início dos anos 1980, a utilização do sexo na publicidade só cresceu. Em 2003, cerca de 50% de todos as propagandas incluíam alguma insinuação de sexo em um determinado nível. Não há razões para presumir que isso diminuirá no futuro.

Sejamos bem claros: as imagens de sexo chamam mais a atenção do que qualquer outro estímulo, sem muito esforço. O que não está tão claro assim, porém, é se o produto anunciado com uma conotação sexual também vende mais. Embora se pense que exista uma quantidade enorme de pesquisas sobre o tema, é surpreendente constatar que há muito poucas; a bem da verdade, temos visto uma diminuição recente no número de estudos dessa natureza. Talvez seja pelo fato de os cientistas, de forma geral, estarem interessados em linhas de pesquisas mais "respeitáveis". É de se estranhar que, dos estudos existentes, a maioria avalie somente a atenção e a memória do produto, poucos avaliem as intenções de compra e quase nenhum avalie o comportamento de compra. Assim, embora as evidências da utilidade da técnica sejam confusas, alguns prós e contras quanto à sua aplicação já foram identificados.

Primeiramente, temos que o sexo na publicidade é uma espada de dois gumes. Sim, ele chama a atenção, mas ela é dirigida à imagem sexual em si (VER TAMBÉM HUMOR). Isso significa que, embora as propagandas carregadas de conteúdo sexual chamem mais a atenção do que outras, a recordação espontânea do produto é normalmente muito baixa.

Insinuação de sexo usando vegetais. Por que não?! Na propaganda da Glide, anunciando lâminas de barbear para homens jovens, vemos somente uma banana, uma berinjela e um pepino. O slogan "A maioria das mulheres jovens prefere homens bem barbeados" enquadra a fruta e os legumes em um contexto sexual. A afirmação "A maioria das mulheres jovens..." também expressa uma prova social, pressionando os homens para que eles andem bem barbeados e também cuidem muito bem de seus órgãos genitais.

Ao ver este anúncio, o observador rapidamente faz uma associação sexual. A cena parece excitante e chama a atenção, mas será mesmo sensual um leite azedo, grosso e frio derramado sobre o seu corpo? A propósito, não é o leite que está sendo anunciado aqui! Old Khaki é uma marca sul-africana de roupas.

Na verdade, os elementos sexuais distraem a atenção, que deveria ser dirigida ao produto. Em segundo lugar, embora as avaliações masculinas de uma propaganda sejam melhores com quando há sugestões mais explícitas de sexo, as opiniões femininas sobre o sexo na publicidade parecem seguir uma curva, o que significa que elas apresentam melhores avaliações sobre o anúncio quando o conteúdo sexual não é tão explícito, mas são baixas quando ele é muito explícito. Em terceiro lugar, tem havido um aumento considerável da resistência à inclusão de elementos machistas nas propagandas, o que torna o uso do sexo arriscado.

Por fim, a alusão ao sexo parece dar certo principalmente quando o produto anunciado está diretamente relacionado a um aumento na atratividade ou sexualidade percebida, e não funciona tão bem para produtos não relacionados a esses aspectos. Assim, ao se considerar a utilização do sexo na publicidade, deve-se deixar bem claro para o consumidor que comprar e usar o produto resultará na sensualidade retratada. Vale lembrar que esses resultados se baseiam quase que exclusivamente na atenção, avaliação direta e recordação espontânea – não no comportamento real de compra.

Como em muitas das outras técnicas discutidas neste livro, o uso do sexo como um aspecto sem relação com o produto pode funcionar desde que as pessoas estejam no modo de processamento periférico (ou seja, que elas não estejam motivadas a analisar cuidadosamente a mensagem). Quer dizer, quando as pessoas processam com a maior atenção uma mensagem que emprega esta técnica, elas entendem que o sexo foi utilizado com o único propósito de chamar a atenção e, portanto, podem-se esperar reações contrárias.

De forma geral, não se pode esperar que o uso do sexo na publicidade aumentará as vendas como um passe de mágica – porque não vai. Além disso, destacar-se utilizando o sexo é difícil devido ao seu uso generalizado. Para se destacar, é preciso inserir imagens excessivamente explícitas, o que pode fazer que o anúncio exceda os limites da "propaganda chocante" (com todos os seus possíveis efeitos negativos). Portanto, as questões éticas e as reações do público também precisam ser levadas em consideração quando se emprega esta técnica.

Considerações finais

> O produto precisa ter alguma relação direta com a imagem sexualmente sugestiva.

> A técnica pode ser empregada para chamar a atenção, aumentar o desejo e as avaliações positivas momentâneas (dos homens).

> Os efeitos da técnica sobre o comportamento de compra são questionáveis.

Eficácia
★★★☆☆

Fator X
★★★☆☆

Implementação
★★★★☆

Conceitos relacionados

Atratividade, Humor

26
AUTORIDADE

As pessoas ou os símbolos que representam uma autoridade legítima despertam aquiescência e obediência

A autoridade está relacionada à posição social percebida que um indivíduo ou empresa ocupa na sociedade, à competência reconhecida que uma pessoa tem em uma área de conhecimento acadêmico ou em um determinado contexto profissional. De maneira geral, a autoridade pode aplicar-se ao poder ou à influência de uma pessoa sobre outra de uma classe social, estatura, idade, posição, experiência, sexo ou capacidade inferior. Em algumas propagandas, são usadas celebridades para exaltar um produto ou serviço porque, embora não detenham nenhuma autoridade no sentido convencional, elas são admiradas pelos cidadãos do mundo e, portanto, possuem certo prestígio social.

Desde pequenos, somos ensinados que é importante ouvir nossos pais e, ao longo da vida, aprendemos que vale a pena seguir conselhos de pessoas mais experientes e com mais conhecimento do que nós. Infelizmente, essa heurística de grande utilidade pode apresentar efeitos colaterais inesperados. Automaticamente nos voltamos para qualquer pessoa que acreditamos ser uma fonte confiável, e um grande número de estudos já comprovou nossa sensibilidade a especialistas e figuras de autoridade (o guru da persuasão Robert Cialdini chega a afirmar que a autoridade é uma das seis armas de influência universais).

Essa confiança inata é explorada com frequência pelas agências de propaganda. Ostentando títulos acadêmicos que impressionam, jalecos brancos, ternos de executivo ou figuras públicas de confiança, as agências tentam vender de tudo – pasta de dentes (recomendada por 9 entre 10 dentistas), sabão para máquina de lavar louças (testado em laboratório por "cientis-

Uma celebridade como Leonardo DiCaprio também transmite autoridade e credibilidade. As pessoas famosas adquirem seu prestígio por meio de um consenso popular e da atenção da mídia, e não por meio de diplomas e de conhecimento. Ao contrário dos exemplos de médicos e cientistas como figuras de autoridade, que dificilmente representam pessoas reais, as celebridades recebem seu poder representando a si mesmas juntamente com seus valores e características pessoais.

Na sociedade do pós-guerra, as propagandas de cigarro quase sempre apresentavam pessoas que transmitiam algum nível de autoridade. Sargentos, cientistas, educadores e até mesmo médicos eram apresentados como fumantes satisfeitos, atestando que fumar era bom e elegante. E se um médico fuma, deve ser seguro, não é mesmo? A propaganda da Camel apresenta um médico idealizado – sensato, nobre e atencioso.

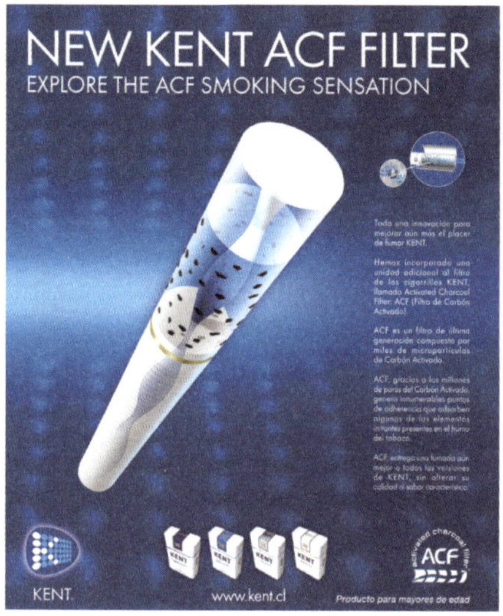

A apresentação de um infográfico pseudocientífico também confere autoridade. Neste anúncio, uma representação digital em 3D profissional transmite de imediato uma sensação de autenticidade. O próprio nome abreviado, ACF (sigla em inglês para *Activated Charcoal Filter*, ou filtro de carvão ativado) faz o anúncio parecer mais científico e é reforçado ainda mais por palavras como "inovação" e "filtro de última geração".

Símbolos de autoridade, como modelos de jaleco branco com crachá de identificação e caneta presa no bolso, são muito usados nas propagandas de sabão em pó e produtos de limpeza.

tas" vestindo jalecos brancos) e máquinas de café (recomendadas por famosos *connoisseurs* de Hollywood). Todas as agências de publicidade sabem da nossa confiança – inconsciente – em figuras que representam autoridade e, portanto, manipulam os símbolos de autoridade para despertar essa confiança e vender produtos – mesmo que a figura de autoridade não seja legítima.

Embora as pessoas conscientemente acreditem que as técnicas de autoridade estejam ultrapassadas, para o inconsciente a autoridade tem tanta influência hoje como tinha décadas atrás. A única razão para esta abordagem ter caído em desgraça é o fato de não ser mais popular – hoje em dia, as pessoas gostam de se sentir autônomas, ou sentir que são "livres" para tomar suas próprias decisões.

Considerações finais

> É fundamental que haja uma associação entre a mensagem e a figura de autoridade usada.

> Quando empregada incorretamente, o uso da autoridade pode levar a uma resistência ou até mesmo a um comportamento oposto ao desejado, por rebeldia.

> Estímulos visuais sutis que sugerem prestígio, conhecimento e autoridade podem despertar a heurística da autoridade de maneira eficiente.

Eficácia
★★★☆☆

Fator X
★★★☆☆

Implementação
★★★☆☆

Conceitos relacionados

Agência, Experiência De Milgram, Desengajamento Moral, Experiência da Prisão de Stanford, Termos Definitivos

27

PERSPECTIVA DE PERDA OU GANHO

Será que o copo está meio vazio ou meio cheio?
O medo da perda aumenta a aceitação do risco; a expectativa de ganho aumenta o comportamento de segurança

Quando se anuncia um produto específico, será que é melhor enfatizar os possíveis ganhos a serem obtidos ou as perdas que podem ser evitadas? Essa questão sobre a estruturação da mensagem com uma perspectiva de perda ou de ganho foi investigada minuciosamente por Kahneman e Tversky – dois dos mais famosos pesquisadores sobre o processo de decisão humano. Descrever um experimento clássico é a melhor forma de se demonstrar o problema: algumas pessoas foram apresentadas a um cenário de tratamento para uma doença fatal que afetava 600 pessoas, em que a situação poderia ter dois enfoques possíveis – um positivo e outro negativo. Depois, elas tiveram de escolher uma entre duas opções de tratamento – A ou B.

Enfoque da situação	Tratamento A	Tratamento B
Positivo, com ênfase no ganho	"Salva 200 vidas"	"Há 33% de chance de salvar todas as 600 pessoas e 66% de não salvar nenhuma"
Negativo, com ênfase na perda	"400 pessoas irão morrer"	"Há 33% de chance de que ninguém morra e 66% de que todas as 600 pessoas morram"

Mais de 70% das pessoas escolheram o Tratamento A quando ele foi apresentado com um enfoque positivo, porém mais de 75% escolheram o tratamento B quando ele foi apresentado com um enfoque negativo. A grande descoberta foi que as pessoas optam pela segurança se a mensagem tiver um enfoque positivo (o tratamento B implica em uma grande chance de

As campanhas que promovem estilos de vida mais saudáveis quase sempre apresentam um enfoque negativo. Elas nos dizem que, se adotarmos regularmente um determinado comportamento problemático, vamos ficar doentes ou morrer. Esta propaganda foi desenvolvida usando-se uma perspectiva de perda, em que o texto nos diz: "Você não fuma o cigarro; o cigarro fuma você."

De maneira inversa, na imagem da campanha "Pare de fumar, comece a reparar", a mensagem é apresentada em termos dos ganhos que podem ser obtidos quando se para de fumar, permitindo a reparação dos danos causados ao organismo. São relacionados os efeitos positivos de não fumar ao longo do tempo, desde as primeiras 8 horas até 12 meses depois do último cigarro.

perder todas as pessoas), mas elas se arriscam quando a mensagem apresenta um enfoque negativo (a ideia de uma morte certa é terrível, e pelo menos o tratamento B oferece a possibilidade de salvar todos). As opções, é claro, são idênticas (salvar 200 pessoas equivale a perder 400 delas em um total de 600) – a única diferença está na valência positiva ou negativa do enfoque. Isso é conhecido como "efeito framing" e esses efeitos se repetiram à exaustão, demonstrando um viés cognitivo humano fundamental, impulsionado por emoções que ultrapassam nossas análises lógicas.

Os publicitários (que conhecem esse viés) podem dar às mensagens um enfoque negativo ou positivo dependendo do comportamento desejado – de aceitação do risco ou de aversão a ele, respectivamente. Por exemplo, quando se trata de fazer uma compra ou um investimento de valor elevado, como comprar uma casa ou ações de mercado, um foco positivo nos ganhos será benéfico. Entretanto, quando se quer que as pessoas mantenham as coisas como estão ou prefiram evitar danos, por exemplo votando em um projeto de lei sobre conservação ou fazendo questão de pagar suas multas e despesas de ensino, um foco na perda é mais apropriado.

Considerações finais

> A eficácia da perspectiva de perda ou ganho depende do processamento consciente da mensagem.

> Tal qual com os apelos ao medo, o uso desta técnica precisa estar acompanhado por instruções claras de "como fazer", a fim de que a pessoa tome uma atitude (VER IMPLEMENTAÇÃO DE INTENÇÕES).

> Se todos os demais fatores permanecerem inalterados, as pessoas preferirão a segurança em lugar das alternativas mais arriscadas. Isso é chamado de "efeito certeza".

> As pessoas, porém, são mais sensíveis aos sentimentos de perda do que aos de ganho e, diante de uma situação de perda, farão de tudo para evitá-la.

Eficácia
★★★☆☆

Fator X
★★★☆☆

Implementação
★★★☆☆

Conceitos relacionados

Teoria dos Prospectos, Teoria do Ajuste Regulatório, Teoria do Reforço, Viés do Status Quo

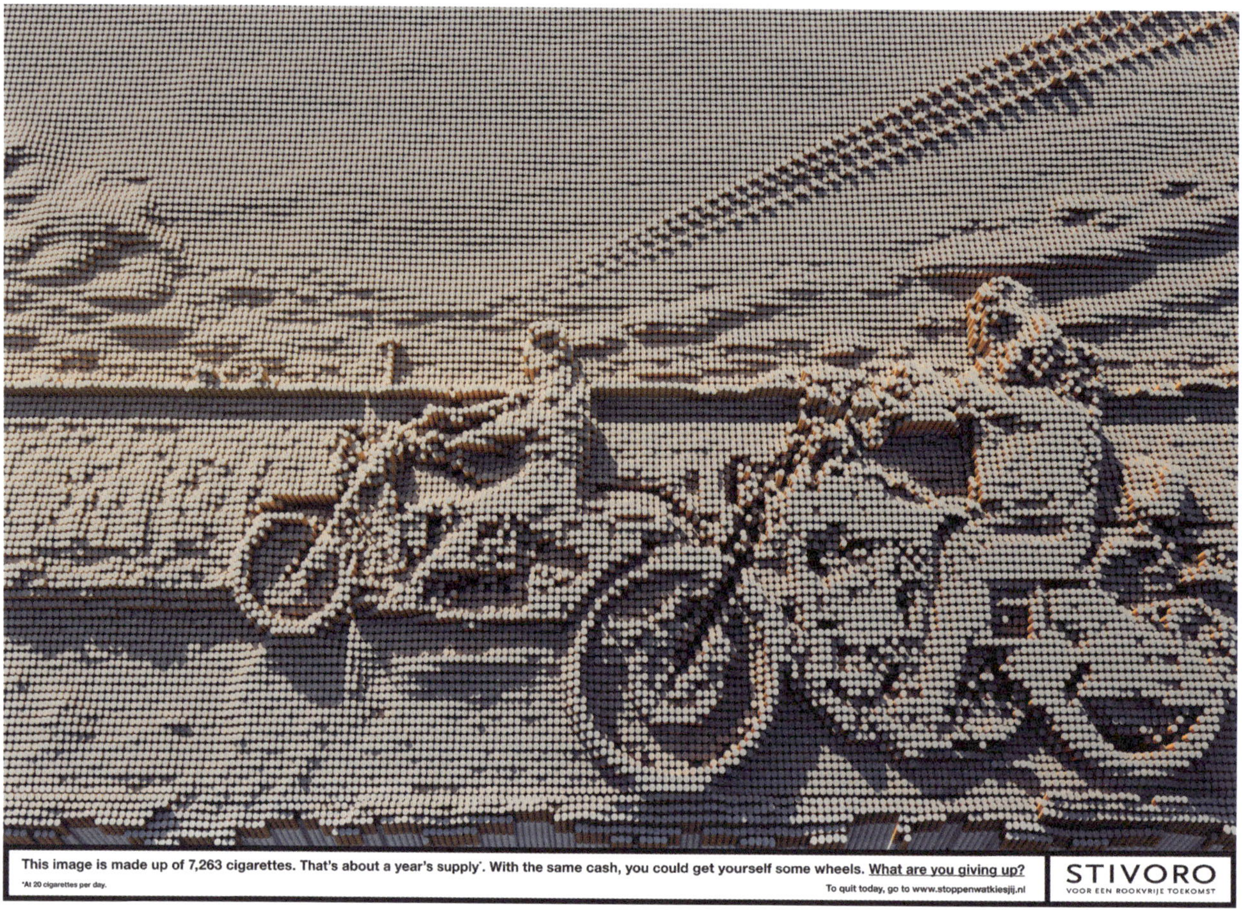

A campanha apresenta os benefícios financeiros de parar de fumar – ela ilustra o que você poderá comprar com o dinheiro que economizará, a cada ano, se parar de fumar. É interessante notar que as campanhas contra o cigarro geralmente empregam uma perspectiva de perda. Entretanto, uma abordagem que enfoque o ganho pode ser mais eficaz, uma vez que não provoca tanta resistência em relação à mensagem (comparada às mensagens que enfocam a perda).

This image is made up of 6,989 cigarettes. That's about a year's supply*. You could get to know Mr Choo very well for the same money. What are you giving up?
*At 20 cigarettes per day.
To quit today, go to www.stoppenwatkiesjij.nl
STIVORO
VOOR EEN ROOKVRIJE TOEKOMST

This image is made up of 7,498 cigarettes. That's about a year's supply*. You can get a round-the-world ticket for the same price. What are you giving up?
*At 20 cigarettes per day.
To quit today, go to www.stoppenwatkiesjij.nl
STIVORO
VOOR EEN ROOKVRIJE TOEKOMST

28
RECENTICIDADE E PRIMAZIA

Apresentar uma mensagem no começo ou no fim de um bloco de informações aumenta a retenção na memória e a persuasividade da mensagem

Este fenômeno puramente cognitivo, também conhecido como efeito da posição serial, é fácil de ser descrito. O efeito de primazia ocorre quando as pessoas se sentem mais convencidas pela informação que é apresentada em primeiro lugar; quando elas se sentem mais convencidas pela informação apresentada por último, estamos nos referindo ao efeito de recenticidade. Está muito claro o que são esses efeitos e o fato de que eles ocorrem com frequência. Entretanto, o que ainda não se sabe muito bem é a razão pela qual isso acontece, qual desses efeitos é predominante e as condições exatas em que eles ocorrem.

As primeiras observações relatadas sobre os efeitos estavam relacionadas à recordação espontânea da memória, em que as palavras e os números apresentados no início e no fim de uma sequência mais longa apresentavam uma probabilidade maior de serem lembrados. Uma pesquisa posterior demonstrou que esses efeitos também ocorriam em anúncios e comerciais.

Uma explicação básica para esse fenômeno repousa no fato de que a informação apresentada primeiro compete somente com as informações que vêm depois (inibição retroativa), e a informação apresentada por último compete somente com as que vêm antes (inibição proativa). As informações apresentadas no meio, porém, têm de competir com as apresentadas antes e depois delas para poderem ser retidas.

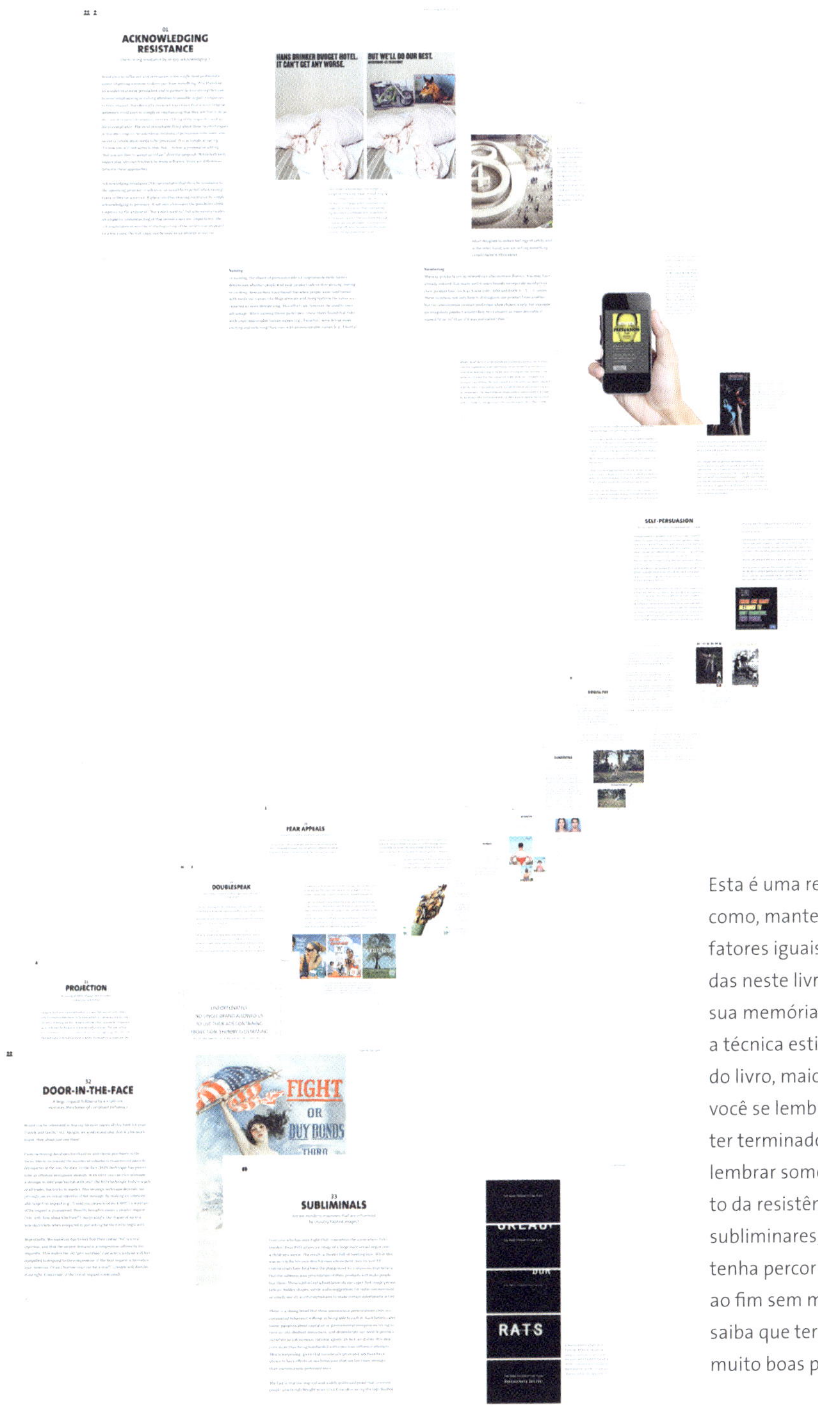

Esta é uma representação visual de como, mantendo-se todos os outros fatores iguais, as técnicas apresentadas neste livro ficarão gravadas em sua memória – quanto mais perto a técnica estiver do início ou final do livro, maior a probabilidade de você se lembrar dela. Se depois de ter terminado de ler o livro você se lembrar somente do reconhecimento da resistência e das mensagens subliminares, é muito provável que só tenha percorrido as páginas do início ao fim sem muito envolvimento (mas saiba que terá perdido algumas partes muito boas pelo meio!).

Os efeitos de recenticidade e primazia têm a mesma força? Parece que, quando a motivação para processar as informações é alta, a primazia assume a liderança. A informação encontrada em primeiro lugar estabelece o patamar, e as subsequentes são modificadas ou minimizadas para corresponderem às expectativas do público, formadas com base nessa informação. Em contrapartida, já foi provado que o efeito de recenticidade é mais forte quando a motivação para processar as informações é baixa, quando há um grande volume de informações, ou quando elas são apresentadas rapidamente. Nesses casos, as informações não são consideradas muito importantes ou de fácil discernimento e, portanto, o que é ouvido mais recentemente (ou seja, por último) é mais fácil de ser lembrado e exerce maior influência. Isso demonstra a importância da posição de uma propaganda na hora de decidir se ela deve entrar no início ou no fim de um bloco (na televisão ou em uma revista).

Uma forma de se empregar tanto o efeito de primazia como o de recenticidade é criar uma campanha curta com um "teaser" do produto, em que se criam grandes expectativas simplesmente destacando seus aspectos positivos. Em seguida, o meio da campanha pode conter informações mais detalhadas, porém cansativas, sobre o produto. Essas informações "normais" são quase sempre mais sensíveis a um exame minucioso, mas serão filtradas de modo positivo por meio da impressão criada pelo efeito de primazia (isto é, o "teaser"). Por fim, quando o produto está para ser lançado, ou quando se abrem opções de compra, pode-se apresentar uma mensagem final como lembrete, que é caracterizada por mais sinais periféricos (por exemplo, utilizando-se as técnicas da autoridade e da reciprocidade), e oferecer uma embalagem atraente ou surpresas extras. Essa mensagem de lembrete reativa o produto na memória, e os aspectos positivos – mas menos sujeitos a análise – da recenticidade somam-se ao efeito de primazia. É através desse processo que costumam ser comercializados os novos modelos de celulares.

Infelizmente, a amplitude dos efeitos de primazia e recenticidade é muito variável, tornando difícil prever seus impactos com antecedência. Um estudo abrangente sobre comerciais de televisão demonstrou um aumento na recordação espontânea da memória e resultados convincentes que variavam entre 1% e 30% para as informações apresentadas primeiro e por último. Em alguns países, é possível comprar a posição do comercial na sequência (isto é, dentro de um bloco) por um preço definido. Para se determinar a relação custo-benefício de se veicular um anúncio ou mensagem primeiro, por último ou no meio do bloco, é preciso fazer cálculos baseados em elementos do contexto, como a hora do dia, o conteúdo e a importância da mensagem, o tamanho do bloco de comerciais e a motivação do espectador para processar as informações. E, como mensagem final, lembre-se de que a primeira impressão é a que fica e a última também!

Considerações finais

> Caso você tenha liberdade para escolher: apresente primeiro se as pessoas forem prestar atenção ou por último se não forem.

Conceitos relacionados

Hipótese do Decréscimo da Capacidade de Atenção, Descontar Incoerências, Efeito Latente, Efeito da Posição Serial

Eficácia
★★★☆☆

Fator X
★★★☆☆

Implementação
★★☆☆☆

29
APELO AO MEDO

Incitar o medo para conseguir submissão e aquiescência

O medo é uma emoção primária associada às antigas estruturas do cérebro. Ao longo da evolução, ele vem protegendo nossa espécie das ameaças fatais oriundas do meio ambiente com muita competência. O reconhecimento (in)consciente de uma ameaça gera uma motivação para confrontá-la ou fugir dela – um processo conhecido como reação de lutar ou fugir.

Na publicidade, o apelo ao medo é encontrado principalmente em campanhas de marketing social (para desencorajar comportamentos perigosos como fumar, dirigir perigosamente, fazer sexo sem proteção, abusar do álcool etc.). Geralmente, o resultado de um comportamento prejudicial é retratado através da ênfase nos riscos físicos ou psicológicos. Os slogans ou informações textuais adicionais conduzem o alvo à solução para a ameaça (como "Pare de fumar agora!"). Uma linguagem forte e personalizada muitas vezes enfatiza a semelhança entre a vítima retratada e o observador da campanha, tornando-a mais difícil de ser ignorada ou evitada pelo alvo ("Jovens estudantes universitários como você têm 90% de chances de morrer em consequência da...").

Embora a técnica de apelar para o medo seja amplamente utilizada em campanhas sociais ou governamentais, pesquisas demonstraram que ela é equivocada. O apelo excessivamente intenso ao medo tanto pode ativar a reação de "fuga" no grupo-alvo (levando-o a evitar a mensagem) como pode "congelar" ou "paralisar" os alvos (prejudicando o processamento da mensagem).

Uma condição igualmente problemática para o apelo ao medo é a necessidade que as pessoas têm de se sentir bem; elas não gostam de ser confrontadas por mensagens com enfoque negativo destinadas a assustá-las a ponto de impedir uma ação. O exemplo clássico é o apelo ao medo relacionado ao hábito de fumar na forma de rótulos de advertência nos maços de cigarros (por exemplo, "Quem fuma vive menos"). Estudos sobre neuroimagem descobriram que, por estarem associadas ao comportamento de fumar em si, na verdade essas mensagens ativam as áreas de desejo e recompensa no cérebro. Paradoxalmente, portanto, usar o apelo ao medo para fazer as pessoas pararem de fumar pode fazer que elas fumem mais.

Este é um exemplo clássico do apelo ao medo. Você não sabe (nem quer saber) onde suas mãos estiveram e o que elas tocaram – todos esses objetos podem estar repletos de bactérias. No caso do Dettol, não é preciso explicar como se pode evitar o medo; apenas mostrar a marca e o produto basta para fazer que as pessoas percebam que mãos sujas podem ser higienizadas usando-se Dettol. Assim, fica muito claro que há uma forte ligação entre o medo evocado (sujeira) e o principal atributo da marca (higiene).

Para que o apelo ao medo funcione, é fundamental emitir uma instrução clara e simples, de preferência explicando passo a passo como solucionar ou evitar a ameaça (VER IMPLEMENTAÇÃO DE INTENÇÕES), e não só apresentar a ameaça em si. Apresentar de maneira pragmática a solução para evitar a ameaça aumentará a sensação de autonomia do indivíduo. O apelo ao medo funciona melhor quando a solução é simples, por exemplo, "Lave as mãos" (contra infecções) ou "Pare no sinal vermelho" (para evitar a morte). Pesquisas indicam que um forte sentimento de autoeficiência, a crença na própria capacidade de executar a reação recomendada (por exemplo, parar de fumar) e a certeza de que esse comportamento autoprotetor pode prevenir efetivamente a ameaça ("Eu acredito que parar de fumar previne o câncer de pulmão") são indicadores essenciais para a eficácia do apelo ao medo.

Conclui-se, portanto, que apelar para o medo é uma iniciativa arriscada; só é eficaz quando a ameaça é percebida como algo grave e pessoalmente relevante, e quando o receptor sente um nível elevado de autoeficiência e acredita que o novo comportamento será eficaz no sentido de evitar ou reduzir a ameaça.

Eficácia
★★★☆☆

Fator X
★★☆☆☆

Implementação
★★★★☆

Considerações finais

- Aumente a autoeficiência identificando as barreiras de comportamento do receptor e abordando diretamente essas barreiras na mensagem.
- Inclua sempre uma solução depois do apelo ao medo, com instruções fáceis de serem seguidas.
- A mensagem não deve chocar, pois isso poderia levar a uma paralisia comportamental e à rejeição de qualquer informação que se siga à ameaça ou choque.
- Apelar para o medo em mensagens comerciais não relacionadas à saúde é considerado inaceitável do ponto de vista ético.

Conceitos relacionados

Gangorra Emocional, Modelo de Processamento Paralelo Extendido, Propaganda Chocante

A campanha "Não converse enquanto ele dirige" pode parecer um típico apelo ao medo, mas vai um pouco além disso. O elemento medo está óbvio: quando o motorista usa o celular enquanto dirige, pode se envolver em um terrível acidente, com sangue por todos os lados. Além disso, porém, existe um elemento de altercasting implícito – se você é uma boa esposa, não vai querer colocar seu marido em perigo ligando para ele enquanto está dirigindo. Muitas das ligações ao volante são feitas entre casais e, portanto, esta é uma abordagem intrigante que não se dirige somente aos motoristas, mas também a quem liga para eles.

30

DUPLA LINGUAGEM

"Guerra é paz! Liberdade é escravidão! Ignorância é força! "
(George Orwell)

Como o comentário acima sugere, a técnica de dupla linguagem se baseia em empregar palavras que tenham um significado oposto ao que é verdadeiro, ou em distorcer consideravelmente as palavras para dar a elas uma conotação mais positiva. É a ofuscação deliberada de informações, que manipula a percepção das pessoas sobre a realidade para que esta se encaixe no propósito da fonte emissora.

As pessoas apresentam reações inatas negativas a palavras ameaçadoras (como "guerra", "matar" e "impostos"). Descrever essas palavras de maneira mais positiva ("liberdade de operação", "cumprir o dever" e "aumento da receita", respectivamente) reduz essa ameaça emocional e faz a mensagem (e sua fonte) ser considerada mais agradável e sensível. Conhecedores do fato de que muitas vezes reagimos intuitivamente em vez de usarmos a lógica, os publicitários e os políticos têm boas razões para distorcer a verdade em benefício próprio. Um ambiente repleto de termos "adocicados" cria a ilusão de segurança e de uma sociedade amigável, prometendo um futuro cor-de-rosa, o que desvia nosso foco do que é importante e nos deixa livres para nos concentrarmos em coisas mais divertidas – como fazer compras.

A dupla linguagem é utilizada para diversos propósitos, por exemplo:
1. Afirmar os efeitos incríveis, fantásticos e quase mágicos de um produto.
2. Ser politicamente correto para não ofender membros de grupos distintos.
3. Salvar as aparências apresentando um efeito negativo como sendo uma boa notícia.

A pergunta é: será que queremos viver neste mundo aparentemente seguro, mas falso, ou no verdadeiro? A resposta pode não ser tão clara quanto parece. Sem saber, já aceitamos uma grande quantidade de dupla linguagem em nossa vida. Muitas palavras do nosso cotidiano descrevem as coisas de forma mais positiva do que elas são, na verdade. Já se argumentou até que utilizar uma linguagem doutrinária é a essência de uma sociedade democrática. Vamos ilustrar: em um Estado totalitário, há um controle ditatorial sobre as pessoas e, portanto, o que os indivíduos pensam não importa muito; entretanto, em uma sociedade democrática, as pessoas não podem ser manipuladas pela força, mas somente por palavras e sentimentos. A dupla linguagem é eficiente porque é difícil caracterizar os termos como sendo mentiras – a interpretação das palavras é, em grande medida, uma experiência subjetiva. É mentir com uma veia poética!

De modo geral, as propagandas de cigarros sempre foram bem-sucedidas em ofuscar e manipular a percepção das pessoas sobre a realidade. Ao combinar palavras como "primavera" e "frescor" com fotos de casais felizes e apaixonados fumando e se divertindo em meio à natureza, cria-se a ilusão de que fumar é saudável! Fumar afeta até o seu paladar de modo positivo.

O objetivo final da dupla linguagem é levar ao duplo pensar (ou duplipensar, termo cunhado no livro distópico de George Orwell, *1984*), no qual o público-alvo acredita que as mentiras não só são verdadeiras, como também positivas e necessárias. O grande problema em se empregar a dupla linguagem como técnica de persuasão está no fato de que ela finge comunicar informações verdadeiras. A curto prazo, isso pode mudar as atitudes das pessoas e fazer que elas comprem produtos, mas no final a ilusão diminuirá. Portanto, qualquer recurso que tenha sido gasto para se gerar a ilusão poderia ter sido mais bem aproveitado.

Os canais de notícias Fox News e MSNBC são importantes plataformas em que se pode observar como são dados novos contornos aos fatos para criar realidades alternativas. O primeiro apresenta entrevistas e vídeos com opiniões flagrantemente de direita, enquanto o segundo faz o mesmo, só que com uma análise de esquerda.

A dupla linguagem é uma técnica manipuladora que emprega mentiras e distorce os fatos. Ninguém pode endossar sua utilização, mas esperamos que os leitores possam reconhecê-la melhor agora.

Eficácia
★★★☆☆

Fator X
★★☆☆☆

Implementação
★★★☆☆

Considerações finais

> Extremamente antiética!
> Muitas vezes, a dupla linguagem está tão entranhada em nossa linguagem cotidiana que nem nos damos conta disso.
> Os termos de dupla linguagem mudam com frequência à medida que as pessoas se acostumam a eles.

Conceitos relacionados

Discurso de Negócios, Eufemismos, Linguagem Rebuscada, Jargão, Propaganda Ideológica

Os cigarros podem até prevenir a obesidade. Além disso, eles protegem sua garganta, diminuem a irritação e até combatem a tosse.

31
PROJEÇÃO

Acusar os outros dos nossos próprios erros nos faz parecer melhores

Imagine que haja dois comerciantes no mercado de peixes local e que nenhum deles venda peixes muito frescos. Na frente de possíveis clientes, um deles acusa o outro de vender peixe velho. Qual será o efeito nas vendas? A projeção, como uma técnica de influência, é normalmente descrita como "o roto falando do rasgado" – acusamos os outros de nossos próprios delitos. O efeito desta técnica é que as pessoas acabam gostando mais do acusador, e o acusado leva a culpa. Tentar contestar a acusação com a mesma afirmação ("Não, é você que vende peixe velho") não soa muito convincente.

O termo mais amplo, projeção psicológica, remonta a Sigmund Freud, que descreveu a projeção como um mecanismo de defesa: projetamos nossos próprios erros, defeitos, medos e outros elementos negativos nas outras pessoas e, ao fazermos isso, negamos possuir esses elementos indesejáveis em nós mesmos. Freud afirmou que esse é um processo inconsciente criado para evitar que nossa mente consciente tenha de lidar com nossos próprios "componentes" negativos.

Sem levar em conta o fato de que podemos (e com toda certeza vamos) projetar também atributos positivos, esta técnica de influência envolve somente acusações negativas. Ou seja, a pessoa melhora sua própria reputação acusando os outros de seus próprios defeitos. A projeção funciona em situações em que não está claro quem é "bom" e quem é "ruim". A razão subjacente para sua eficácia ainda não está bem clara, mas muito provavelmente há diversos elementos envolvidos, conforme descrito a seguir.

INFELIZMENTE, NENHUMA MARCA NOS DEU PERMISSÃO PARA QUE USÁSSEMOS ANÚNCIOS SEUS CONTENDO PROJEÇÃO E, PORTANTO, PUDÉSSEMOS ILUSTRAR A ÉTICA DUVIDOSA DESTA TÉCNICA. PARA VER EXEMPLOS, BASTA PESQUISAR NO GOOGLE "X VERSUS Y COMPETITIVE AD" SUBSTITUINDO "X" E "Y" POR GRANDES MARCAS DE SETORES COMO REFRIGERANTES, FAST-FOOD, ARTIGOS ESPORTIVOS E COMPUTADORES.

Para o acusado, é lamentável que as pessoas sejam levadas a acreditar, automaticamente, nas informações recebidas, e que seja necessário um processo elaborado (que exige tempo e esforço) para "desacreditar" delas (VER TAMBÉM METÁFORAS). Assim, mesmo que não seja verdade, uma vez que seja acusado de alguma coisa, você fica rotulado. Esta técnica é muito empregada na política – só de se questionar um político sobre suas opiniões acerca de liderança, panorama futuro, honestidade e assim por diante, o político acusado já será percebido como menos competente. Da mesma forma, existem regras implícitas na comunicação entre os indivíduos, sendo que uma delas é que cada um espera que o outro diga a verdade. Portanto, não se espera uma mentira e nem sempre estamos alertas para detectá-la.

Quanto ao acusador, acredita-se que acusar alguém é uma demonstração de que a pessoa segue as normas corretas e é virtuosa – alguém que se atreve a desafiar a injustiça e a desonestidade. Pode parecer um contrassenso, mas nossa reação natural não é pensar "mas você também tem esses mesmos defeitos".

Uma importante condição limitadora é que deve haver ambiguidade em relação a quem tem culpa. Essa tensão, ou incerteza, é o que impulsiona a consequente valorização do acusador. Os casos em que está claro de quem é a culpa, o uso desta técnica pode sair pela culatra. Um acusador claramente inocente pode transmitir uma imagem menos positiva depois de sua acusação.

É muito provável que isso se deva ao fato de não haver incerteza nessa situação e, implicitamente, associarmos quem culpa alguém a uma pessoa antipática que não se importa com os outros.

Considerações finais

- A projeção é uma técnica antiética.
- Acusar alguém de nossos próprios erros nos isenta da culpa.
- Se o outro for percebido claramente como inocente pelos demais, é óbvio que o tiro sairá pela culatra.

Eficácia
★★☆☆☆

Fator X
★★★★☆

Implementação
★★★☆☆

Conceitos relacionados

Discurso de Negócios, Eufemismos, Ofuscação, Propaganda Ideológica

32
PORTA NA CARA

Fazer um grande pedido e logo depois um pequeno aumenta as chances de um comportamento favorável

Você se interessaria em comprar 50 exemplares deste livro para dar aos seus familiares e amigos? Não? Tudo bem, entendemos que é pedir muito. E que tal só um?

Seja para conseguir mais doações para instituições de caridade, aumentar as compras de queijos nos Alpes suíços ou o número de voluntários para acompanhar jovens delinquentes em um passeio ao zoológico, a técnica porta na cara (DITF, do inglês *door-in-the-face*) provou ser uma estratégia de persuasão eficaz. Com a DITF, você pode até mesmo convencer um estranho a dividir com você a sua conta do bar! A técnica da porta na cara é, realmente, "pau para toda obra", mas difícil de controlar. Por incrível que pareça, esta técnica estratégica depende de uma recusa inicial à mensagem. Ao se fazer um pedido inicial absurdamente grande (por exemplo, "Você pode me emprestar 100 euros?"), a resposta negativa está garantida. Logo depois vem um pedido menor ("Ah, tá bom, e que tal 10 euros?"). Curiosamente, a probabilidade de ser bem-sucedido no segundo pedido cresce de forma excepcional comparada à de quando se pede os 10 euros logo de início.

É importante destacar que o público precisa sentir que o seu "não" inicial é uma recusa verdadeira e que o segundo pedido é uma concessão oferecida pelo requisitante. Isso coloca em ação a velha regra de "dar e receber" e a pessoa se sente compelida a retribuir a concessão. Entretanto, se o primeiro pedido for muito absurdo ("Você pode me emprestar seu carro por

3A

Esta campanha norte-americana veiculada na época da Segunda Guerra Mundial começava com um pedido enorme: Lutar! Embora a maioria das pessoas naquela época quisesse ajudar, para muitas delas se alistar no exército como voluntário era pedir muito. E como elas não queriam ou não podiam ir para a guerra, a mensagem subsequente "ou compre títulos do governo" oferecia uma forma de compensação, aliviando seu sentimento de culpa.

um ano?"), as pessoas vão negar logo de cara. Por outro lado, se o pedido inicial for muito pequeno, as pessoas não sentirão a necessidade de retribuir quando for feito o segundo pedido, um menor. O impacto persuasivo da DITF é reforçado ainda mais por meio da indução de um sentimento de culpa mais forte. Dizer não a alguém pode causar um desconforto maior a quem nega porque fazer isso é socialmente indesejável. Para diminuir essa culpa, as pessoas ficarão mais inclinadas a aceitar a concessão oferecida como uma forma de restabelecer o equilíbrio social e sua paz de espírito.

A técnica da porta na cara é muito aplicada hoje em dia ao sentimento de culpa das pessoas em relação ao meio ambiente. Moralmente, todos deveríamos estar fazendo algo a mais para salvar o planeta, e sabemos disso! Uma mensagem assim nos ajuda a subornar nossa consciência atormentada. Não podemos salvar o planeta, mas pelo menos podemos jogar nossa garrafa de plástico em uma cesta de lixo reciclável.

É preciso ter muita cautela ao implementar esta técnica em razão da sua objetividade. Se ela for percebida pelo público como agressiva ou opressora, pode provocar reatância e até mesmo raiva – esse resultado diminuiria as chances de influenciar o público, incluindo qualquer tentativa futura de persuasão. Acrescentar uma metaperspectiva social enfatizando-se a situação social dribla a possibilidade de disparar o alarme. Por exemplo, depois de fazer o primeiro pedido, pode-se afirmar: "Isso é meio constrangedor... Sei que mal nos conhecemos, mas há uma outra coisa que eu gostaria de lhe pedir." Esse tipo de afirmação torna mais difícil ignorar a situação, explorando a culpa e a necessidade de retribuição já despertada anteriormente no público.

É claro que a maioria das pessoas não pensaria em usar essa artimanha, uma vez que ela é eticamente questionável e não se encaixa nos padrões da etiqueta social. É exatamente por isso que a técnica é mais difundida entre vendedores, em propagandas agressivas e entre escoteiras que vendem biscoitos de chocolate de porta em porta.

Considerações finais

> Uma concessão do vendedor faz o comprador se sentir obrigado a retribuir.
> Embora a técnica funcione com estranhos, quanto mais proximidade o solicitante tiver com o alvo socialmente, maior a necessidade que este sentirá de retribuir.
> A eficácia desta técnica é maximizada quando as pessoas se encontram frente a frente, quando fica difícil dizer não ao pedido.
> O tempo é um fator essencial; quanto menor o intervalo entre o primeiro e o segundo pedido, melhor.

Eficácia
★★☆☆☆

Fator X
★★★☆☆

Implementação
★★☆☆☆

Conceitos relacionados

Pedido Exorbitante, Propaganda Enganosa, Princípio da Troca, Psicologia Reversa

33
MENSAGENS SUBLIMINARES

Será que somos máquinas irracionais influenciadas por imagens que aparecem sem percebermos?

Todo mundo que assistiu ao filme *Clube da Luta* se lembra da cena em que Tyler Durden (Brad Pitt) insere a imagem de um enorme órgão sexual masculino em um filme para crianças. O resultado: uma sala de cinema cheia de crianças berrando. Embora ele tenha feito isso para sua própria diversão maliciosa, os filmes e as propagandas de televisão são há muito tempo o parque de diversão de empresas que acreditam que a apresentação inconsciente de seus produtos fará que as pessoas os comprem. As propagandas subliminares utilizam apresentações extremamente rápidas de imagens, formas ocultas, sugestões sutis de áudio (em comerciais de rádio), ou simples composições com palavras dissimuladas, para provocar determinadas associações.

Há uma forte crença de que essas apresentações inconscientes guiam nosso comportamento de compras sem que possamos controlar. Tais convicções alimentam nossa paranoia sobre conspirações capitalistas ou governamentais para tentar nos transformar em consumidores obedientes e demonstram nossa necessidade de perceber a nós mesmos como agentes racionais autônomos. Na verdade, essa ideia nos desagrada ainda mais do que a de sermos bombardeados por tentativas conscientes de influência – o que causa certa surpresa, pois já foi comprovado que os anúncios processados de forma consciente provocam efeitos dez vezes mais fortes em nosso comportamento do que aqueles processados inconscientemente.

A verdade é que a prova original e amplamente divulgada de que pessoas inocentes compravam mais Coca-Cola involuntariamente depois de ver o logo piscando durante um filme... era um embuste. James Vicary, o pai

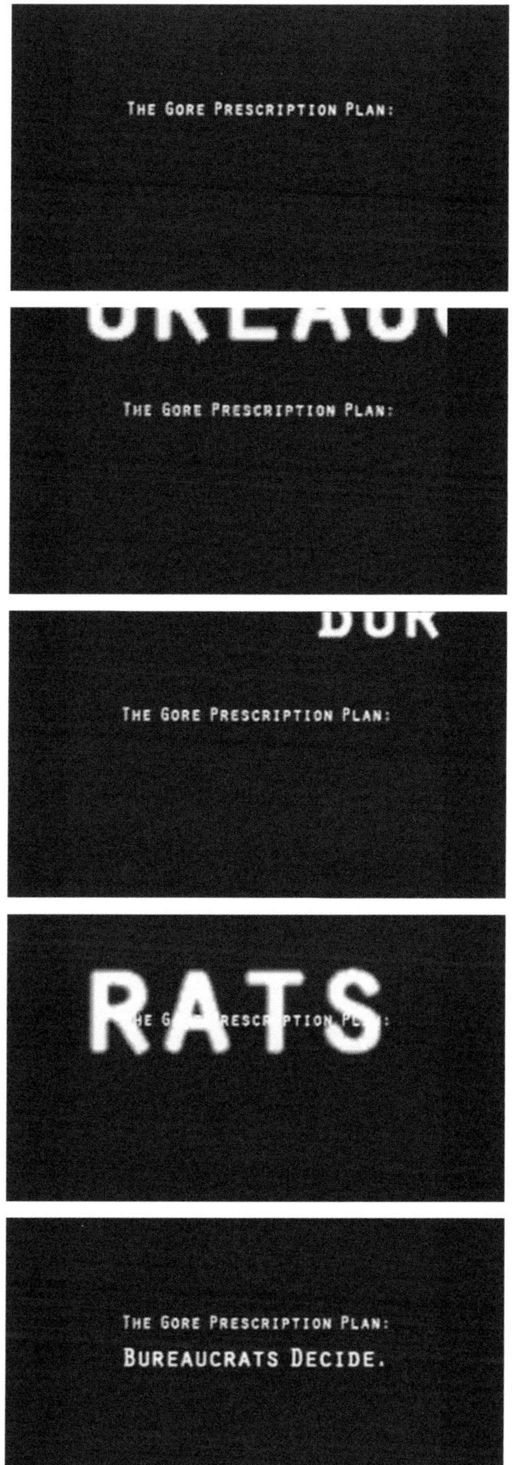

Nos Estados Unidos, uma propaganda de televisão patrocinada pelo Partido Republicano que ataca o programa de distribuição de medicamentos de Al Gore foi amplamente debatida. Por um breve instante, a palavra "RATS" (ou seja, ratos em inglês) aparece na tela antes de ser exibida a frase "*Bureaucrats decide*" (em inglês, os burocratas – ou burocRatos – decidem), da qual ela faz parte.

da propaganda subliminar e desse estudo relatado, já admitiu há muito tempo que os resultados foram inventados. Entretanto, tem se mostrado difícil acabar com essa crença, em parte porque a propaganda subliminar continua sendo utilizada e (seguindo o raciocínio) se as empresas preferem empregá-la, é porque deve servir para alguma coisa, não é mesmo?

Embora já tenha sido demonstrado, em estudos de laboratório, que a exposição subliminar a palavras e rostos afeta sutilmente as emoções e ajuda as pessoas a memorizar, inconscientemente, a posição de figuras geométricas, há poucos motivos para se pressupor que elas possam influenciar o comportamento do consumidor no mundo real. Uma ampla análise (de mais de 200 estudos) realizada no início da década de 1990 não demonstrou nenhum efeito da exposição subliminar na escolha ou avaliação de produtos. Em todos os casos, como mencionado anteriormente, os efeitos eram inferiores àqueles produzidos pelos anúncios conscientes. Entretanto, alguns estudos recentes dão força a maiores debates. Tais estudos provam que imagens de refrigerantes podem estimular as pessoas a escolher uma marca em detrimento de outra, mas só se elas já estiverem com sede. Essas descobertas ainda estão por ser confirmadas em uma escala maior, com mais opções disponíveis à escolha e "no mundo real".

Outra razão para se evitar a propaganda subliminar reside no fato de existirem grandes diferenças individuais relatadas pelos pesquisadores no que se refere aos limites do que é percebido como "subliminar". Assim, mesmo que se apresente uma mensagem visual de forma subliminar, algumas pessoas irão detectá-la conscientemente, outras só poderão registrá-la inconscientemente e outras ainda não irão registrá-la nem mesmo inconscientemente. Isso quer dizer que criar mensagens subliminares eficientes é algo particularmente difícil.

Ilustração de um texto apresentado subliminarmente no fictício "experimento" do cinema realizado por Vicary. Segundo relatado, ninguém viu as palavras conscientemente, mas os frequentadores do cinema compraram quase 60% a mais de pipocas.

Em resumo, não há nenhuma prova confiável de que a propaganda subliminar funciona e, se ela for identificada como tal, irá levar a uma forte reatância. Portanto, a inserção de uma imagem ou palavra subliminar é uma das técnicas mais badaladas – mas bem pouco eficaz – empregadas pela publicidade.

Considerações finais

> A propaganda subliminar foi proibida antes mesmo de ter sido realmente utilizada alguma vez.

> Atualmente, existem vários grupos pesquisando as condições exatas em que o efeito ocorre.

Conceitos relacionados

Backmasking (ou mensagem de trás para a frente), Sugestionamento, Estímulos Supraliminares

Eficácia
★☆☆☆☆

Fator X
★★★★☆

Implementação
★☆☆☆☆

Os anúncios publicitários podem ser avaliados, e não criados, cientificamente.

John Wanamaker, pioneiro do marketing

Marc Andrews

Marc Andrews (1978, Kleve, Alemanha) é psicólogo, diretor de arte e designer. Ele é mestre em Ciência Comportamental e em Design Gráfico/Editorial. Na área de Design, obteve seu mestrado (com louvor) explorando as dimensões retórica, semiótica e psicológica da argumentação visual. Desde 2008, é sócio da andrews:degen (andrewsdegen.com), uma agência de criação e comunicação visual localizada em Amsterdam, que desenvolve campanhas, identidades corporativas, projetos editoriais e digitais. Entre os clientes da agência, encontram-se desde empresas e entidades governamentais até organizações sociais e culturais. Além disso, Marc leciona Psicologia do Design e Teoria do Design na Holanda e já ministrou palestras e workshops sobre design social em diversas escolas de design na China, Turquia e Romênia.

Dr. Matthijs van Leeuwen

Matthijs van Leeuwen (1980, Sarpsborg, Noruega) é professor assistente de Influência Social e Persuasão na Universidade de Radboud de Nijmegen. Sua pesquisa concentra-se na mudança direta e de longo prazo com o uso de técnicas de persuasão de alto envolvimento, e como contornar a resistência comportamental. Um segundo foco de pesquisa é a exploração das associações inconscientes que podem prever o comportamento futuro, com o uso de uma grande variedade de ferramentas de medição implícitas. Como professor, ele dá palestras e instrui alunos de graduação e mestrado em pesquisa na aplicação de técnicas de influência cientificamente validadas em situações da vida real. Por fim, é consultor científico na Db-Abs (db-abs.com) e ministra palestras para agências comerciais e governamentais sobre resistência comportamental.

Prof. Dr. Rick van Baaren

Rick van Baaren (1975, Arnhem, Holanda) é professor de Mudança Comportamental na Universidade Radboud de Nijmegen e proprietário da Db-Abs (db-abs.com), uma empresa de pesquisa e consultoria que ajuda seus clientes a influenciar o comportamento de seus próprios clientes, cidadãos e consumidores. Ele é um dos cientistas mais destacados na área de influência social, conhecido especialmente por seu trabalho sobre imitação, mimetismo e prova social. Rick já proferiu mais de 400 palestras e workshops sobre os temas abrangentes da influência e mudança de comportamento em vários países.

Referências

01

RECONHECIMENTO DA RESISTÊNCIA

Carpenter (2013). A meta-analysis of the effectiveness of the "But You Are Free" compliance-gaining technique.

Knowles e Linn (2004). Resistance and persuasion.

02

FLUÊNCIA

Alter e Oppenheimer (2006). Predicting short-term stock fluctuations by using processing fluency.

King e Janiszewski (2011). The sources and consequences of the fluent processing of numbers.

Oppenheimer (2006). Consequences of erudite vernacular utilized irrespective of necessity: Problems with using long words needlessly.

Petrova e Cialdini (2005). Fluency of consumption imagery and the backfire effects of imagery appeals.

Reber, Winkielman, e Schwarz (1998). Effects of perceptual fluency on affective judgments.

Song e Schwarz (2008). Fluency and the detection of misleading questions: Low processing fluency attenuates the moses illusion.

Song e Schwarz (2009). If it's difficult to pronounce, it must be risky.

03

PÉ NA PORTA

Burger (1999). The foot-in-the-door compliance procedure: a multiple-process analysis and review.

Freedman e Fraser (1966). Compliance without pressure: The foot-in-the-door technique.

Pascual e Guéguen (2005). Foot-in-the-door and door-in-the-face: A comparative meta-analytic study.

04

A TERRA PROMETIDA

Bromberg-Martin, Matsumoto, e Hikosaka (2010). Dopamine in motivational control: Rewarding, aversive, and alerting.

Crisp (1987). Persuasive advertising, autonomy, and the creation of desire.

05

AUTOPERSUASÃO

Aronson (1999). The power of self-persuasion.

Bem (1965). An experimental analysis of self-persuasion.

Müller, van Baaren, Ritter, Woud, Bergmann, Harakeh, Engels, e Dijksterhuis (2009). Tell me why... The influence of self-involvement on short term smoking behaviour.

06

ALTERCASTING

Pratkanis (2000). Altercasting as an influence tactic. In Terry e Hogg (Eds.), attitudes, behaviour and social context: The role of norms and group membership.

Turner, Banas, Rains, Jang, Moore, e Morrison (2010). The effects of altercasting and counterattitudinal behaviour on compliance: A lost letter technique investigation.

Weinstein e Deutschberger (1963). Some dimensions of altercasting.

07

PROVA SOCIAL

Cialdini (2001). Harnessing the science of persuasion.

Baron, Vandello, e Brunsman (1996). The forgotten variable in conformity research: Impact of task importance on social influence.

Platow, Haslam, Both, Chew, Cuddon, Goharpey, Maurer, Rosini, Tsekouras, e Grace (2005). It's not funny if they're laughing: Self-categorization, social influence, and responses to canned laughter.

08

GARANTIAS

Knowles e Linn (2004). Approach-avoidance model of persuasion: Alpha and omega strategies for change.

09

ATRATIVIDADE

Rhodes (2006). The evolutionary psychology of facial beauty.

Strick, Holland, e van Knippenberg (2008). Seductive eyes: Attractiveness and direct gaze increase desire for associated objects.

Van Leeuwen e Macrae (2004). Is beautiful always good? Implicit benefits of facial attractiveness.

10

HUMOR

Eisend (2009). A meta-analysis of humor in advertising.

Strick, Holland, van Baaren, e van Knippenberg (2012). Those who laugh are defenseless: how humor breaks resistance to influence.

Strick, Holland, van Baaren, e van Knippenberg (2010). The puzzle of joking: Disentangling the cognitive and affective components of humorous distraction.

11

ESCASSEZ

Cialdini (2001). Influence: Science and practice.

Eisend (2008). Explaining the impact of scarcity appeals in advertising - The mediating role of perceptions of susceptibility.

Sandberg e Conner (2008). Anticipated regret as an additional predictor in the theory of planned behaviour: A meta-analysis.

12

ATRAÇÃO PASSAGEIRA

Burger, Messian, Patel, del Prado, e Anderson (2004). What a coincidence! The effects of incidental similarity on compliance.

Burger, Soroka, Gonzago, Murphy, e Somervell (2001). The effect of fleeting attraction on compliance to requests.

13

CHAMARIZ

Heath e Chatterjee (1995). Asymmetric decoy effects on lower-quality versus higher-quality brands: Meta-analytic and experimental evidence.

Huber, Payne, e Puto (1982). Adding asymmetrically dominated alternatives: Violations of regularity and the similarity hypothesis.

Pettibone e Wedell (2007). Testing alternative explanations of phantom decoy effects.

14

ISSO NÃO É TUDO

Brennan e Bahn (1991). Door-in-the-face, that's-not-all, and legitimizing a paltry contribution: reciprocity, contrast effect and social judgment theory explanations.

Burger (1986). Increasing compliance by improving the deal: The that's not-all technique.

Burger, Reed, DeCesare, Rauner, e Rozolis (1999). The effects of initial request size on compliance: More about the that's-not-all technique.

15

MERA EXPOSIÇÃO

Brooks e Highhouse (2006). Familiarity breeds ambivalence.

Grimes e Kitchen (2007). Researching mere exposure effects to advertising: Theoretical foundations and methodological implications.

Reber, Winkielman, e Schwarz (1998). Effects of perceptual fluency on affective judgments.

Zajonc (1968). Attitudinal effects of mere exposure.

16

ANCORAGEM

Jacowitz e Kahneman (1995). Measures of anchoring in estimation tasks.

Strack e Mussweiler (1997). Explaining the enigmatic anchoring effect: Mechanisms of selective accessibility.

Tversky e Kahneman (1974). Judgment under uncertainty: Heuristics and biases.

17
ASTROTURFING
Foresman (2010). PR firm settles with FTC over alleged app store astroturfing.
Lee (2010). The roots of astroturfing.
Streitfeld (2012). The best book reviews money can buy.

18
ANTROPOMORFISMO
Aggarwal e McGill (2012). When brands seem human, do humans act Like brands? Automatic behavioural priming effects of brand anthropomorphism.
Epley, Waytz, e Cacioppo (2007). On seeing human: A three-factor theory of anthro-pomorphism.

19
CONFIABILIDADE
Rule, Krendl, Ivcevic, e Ambady (2013). Accuracy and consensus in judgments of trustworthiness from faces: Behavioural and neural correlates.
Todorov, Baron, e Oosterhof (2008). Evaluating face trustworthiness: a model based approach.
Todorov, Said, Engell, e Oosterhof (2008). Understanding evaluation of faces on social dimensions.

20
RUPTURA E REFORMULAÇÃO
Davis e Knowles (1999). A disrupt-then-reframe technique of social influence.
Fennis, Das, e Pruyn (2004). "If you can't dazzle them with brilliance, baffle them with nonsense": Extending the impact of the disrupt--then-reframe technique of social influence.
Santos, Leve, e Pratkanis (1994). Hey buddy, can you spare seventeen cents? Mindful persuasion and the pique technique.

21
METÁFORAS
Ang e Lim (2006). The influence of metaphors and product type on brand personality perceptions and attitudes.
Ottati, Rhoads, e Graesser (1999). The effect of metaphor on processing style in a persuasion task: A motivational resonance model.
Thibodeau e Boroditsky (2011). Metaphors we think with: The role of metaphor in reasoning.

22
IMPLEMENTAÇÃO DE INTENÇÕES
Bélanger-Gravel, Godin, e Amireault (2013). A meta-analytic review of the effect of implementaion intentions on physical activity.
Gollwitzer (1999). Implementaion intentions: Strong effects of simple plans.
Van Koningsbruggen, Stroebe, Papies, e Aarts (2011). Implementaion intentions as goal primes: Boosting self-control in tempting environments.

23
RECIPROCIDADE
Cialdini (2001). Influence: Science and practice.
Cialdini, Vincent, Lewis, Catalan, Wheeler, e Darby (1975). Reciprocal concessions procedure for inducing compliance: The door-in-the-face technique.
Regan (1971). Effects of a favor and liking on compliance.

24
GOD TERMS
Burke (1945). A grammar of motives.

25
SEXO
Reichert (2002). Sex in advertising research: A review of content, effects, and functions of sexual information in consumer advertising.
Reichert e Carpenter (2004). An update on sex in magazine advertising: 1983 to 2003.

Severn, Belch, e Belch (1990). The effects of sexual and non-sexual advertising appeals and information level on cognitive processing and communication Eficácia.

26
AUTORIDADE
Blass (1999). The Milgram paradigm after 35 years: Some things we now know about obedience to authority.
Burger (2009). Replicating Milgram: Would people still obey today?
Milgram (1974). Obedience to authority: An experimental view.

27
PERSPECTIVA DE PERDA OU GANHO
Lee e Aaker (2004). Bringing the frame into focus: The influence of regulatory fit on processing fluency and persuasion.
Rothman, Martino, Bedell, Detweiler, e Salovey (1999). The systematic influence of gain- and loss-framed messages on interest in and use of different types of health behaviour.
Tversky e Kahneman (1985). The framing of decisions and the psychology of choice.

28
RECENTICIDADE E PRIMAZIA
Crano (1977). Primacy versus recency in retention of information and opinion change.
Haugtvedt e Wegener (1994). Message order effects in persuasion: An attitude strength perspective.
Pieters e Bijmolt (1997). Consumer memory for television advertising: A field study of duration, serial position, and competition effects.

29
APELO AO MEDO
De Hoog, Stroebe, e de Wit (2005). The impact of fear appeals on processing and acceptance of action recommendations.
Tanner, Hunt, e Eppright (1991). The protection motivation model: A normative model of fear appeals.
Witte e Allen (2000). A meta-analysis of fear appeals: Implications for effective public health campaigns.

30
DUPLA LINGUAGEM
Herman (1992). Beyond hypocrisy: Decoding the news in an age of propaganda: Including a doublespeak dictionary for the 1990s.
Lutz (1989). Doublespeak: From 'revenue enhancement' to 'terminal living': How government, business, advertisers, and others use language to deceive you.
Orwell (1949). 1984.

31
PROJEÇÃO
Rucker e Pratkanis (2001). Projection as an interpersonal influence tactic: The effects of the pot calling the kettle black.
Rucker e Petty (2003). Effects of accusations on the accuser: The moderating role of accuser culpability.

32
PORTA NA CARA
Cialdini, Vincent, Lewis, Catalan, Wheeler, e Darby (1975). Reciprocal concessions procedure for inducing compliance: The door-in-the-face technique.
Millar (2002). The efectiveness of the door-in-the-face compliance strategy on friends and strangers.
Pascual e Guéguen (2005). Foot-in-the-door and door-in-the-face: A comparative meta-analytic study.

33
MENSAGENS SUBLIMINARES
Pratkanis (1992). The cargo-cult science of subliminal persuasion.
Trappey (1996). A meta-analysis of consumer choice and subliminal advertising.
Verwijmeren, Karremans, Stroebe, e Wigboldus (2011). The workings and limits of subliminal advertising: The role of habits.

Créditos das imagens

01

RECONHECIMENTO DA RESISTÊNCIA

Hans Brinker Budget Hotel. Now even more noise! Design gráfico: Anthony Burrill. Conceito: KesselsKramer Amsterdam.

02

FLUÊNCIA

Jazz Guimarães. Atelier Martino & Jaña e colaboradores.

Highways Agency. Imagem gentilmente cedida pela Highways Agency.

Odis. Ogilvy & Mather, Chile. Diretor de Arte: Jaime Bustamante, 3D: La Mano Studio. Diretor de Contas: Eric Krohn Bunting. Diretor Geral de Criação: Cesar Agost Carreño.

03

PÉ NA PORTA

Fotografia. Violetkaipa, shutterstock.com.

Placa. Kaspri, shutterstock.com.

04

A TERRA PROMETIDA

Liberation! Happy women's day, guys. Lowe JHB, imagem da empresa.

New Axe Anarchy for him and for her. Diretores de Criação da BBH: David Kolbusz, Dominic Goldman. Equipe de Criação da BBH: Daniel Schaefer e Szymon Rose. Fotógrafo: Jean-Yves LeMoigne. Retoques: Gary Meade.

05

AUTOPERSUASÃO

Tips from former smokers. Centro de controle e prevenção de doenças, julho de 2013. Campanha Tips From Former Smokers. O uso dessa imagem nesta publicação não implica um endosso do Departamento de Saúde dos Estados Unidos ou do Centro de Controle e Prevenção de Doenças a qualquer organização, serviço ou produto em particular. Qualquer opinião expressa nesta publicação não reflete necessariamente as opiniões do DS ou do CCD.

HEART AND STROKE FOUNDATION OF CANADA. Última campanha Make Health (criação de material impresso e displays). Lançada no mercado em fevereiro de 2013.

06

ALTERCASTING

IG. Agência: Lew'Lara\TBWA. Cliente: iG. Produto: Delas. Gerentes de Contas: Marcio Oliveira, Ricardo Forli, Guilherme Bernardes e Pedro Paulo Mesquita. Mídia: Luiz Ritton, Fabio Walker e Débora Veloso. Planejamento: Daniel de Tomazo e Tatiana Tsukamoto. Diretores de Criação: Jaques Lewkowicz, André Laurentino, Manir Fadel e Luciano Lincoln. Criação: Bruno Cardoso e David Bessler. Art Buyers: Giuliano Springhetti e Daniela Picchiai. Fotógrafo: Ale Catan. Tratamento de Imagem: Platinum. Produção Gráfica: Marcos Pedra. Cliente: Alexander Rocco, Suzana Chibante e Bárbara Stanichi.

Lait d'homme. Agência: Chi & Partners. Cliente: Wing-co.

Now it's time for a Bavaria. Ilustrações: Gina d'Achille. Conceito: KesselsKramer Amsterdam.

07

PROVA SOCIAL

Elvis. Fotografia de capa de disco lançado pela gravadora RCA Victor.

Luckies. Imagem de coleção da Universidade de Stanford (tobacco.stanford.edu).

Thumbs up. Facebook.

08

GARANTIAS

Crime Stoppers. Target Marketing & Communications Inc.

Pattex – Everlasting. DDB Tribal Dusseldorf GmbH.
STIHL. Publicis Conseil.

09
ATRATIVIDADE
Fotografia da capa. Ralf Mitsch.
Face of Tomorrow. Sydney Supercomposite, Mike Mike, 2003.

10
HUMOR
Free your dog. Agência de Publicidade: Prolam Y&R, Santiago, Chile. Diretor de Criação: Alvaro Becker. Diretores de Arte: Andres Echeverria, Christian Costa. Redator: Tomas Cisternas. Fotógrafo: Patricio Pescetto. Ilustrador: Ricardo Salamanca. Gerente de Contas: Pancho Cardemil.
Splashdown Waterpark. Cliente: Splashdown Waterpark, Tom Oliver. Diretores de Criação: Ian Grais e Chris Staples. Diretor de Arte: Nicolas Quintal. Redator: Max May. Produtor Gráfico: Scott Russell. Fotógrafo: Mark Whitehead. Estúdio de Arte: Jonathon Cesar. Gerente de Contas: Marjolaine Durand.

11
ESCASSEZ
Ilustração. andrews:degen.
Limited Edition. Agência de Publicidade: Age Isobar, São Paulo, Brasil.

12
ATRAÇÃO PASSAGEIRA
Garrafas de Coca-Cola. Fotografia: Ralf Mitsch.
Diesel. Campanha 'Be stupid'.

13
CHAMARIZ
Ilustração de copos de papelão para café. Kraska, Shutterstock.com.

14
ISSO NÃO É TUDO
Revista Digital Photo. Fotografia: andrews:degen.
Imagens das facas: Africa Studio e Aas, shutterstock.com.

15
MERA EXPOSIÇÃO
Luminosos de diferentes marcas espalhados pelas ruas de Amsterdam. Fotografias: andrews:degen.

16
ANCORAGEM
Cordaid – People in Need. Saatchi & Saatchi / Leo Burnett.
Saúde bucal. Partnership for Healthy Mouths, Healthy Lives e Ad Council.

17
ASTROTURFING
Ilustração. Baseada em exemplos encontrados na internet.

18
ANTROPOMORFISMO
Biopark. JANDL, marketing a reklama, Bratislava, Eslováquia. Diretor de Criação: Pavel Fuksa. Diretor de Arte: Matus Nemcik. Redator: Adam Rovny. Ilustrador: Noper. Gerente de Contas: Martin Janík.
Logotipo da Heineken. Marca registrada da Heineken.
Refisal. Diretor de Criação: Mauricio Cantillo, Redator: Julián Mendoza. Diretor de Arte: Juan David Ospina. Ilustrador: Juan David Ospina. Agência: Perez y Villa (Medellín, Colômbia).
Vigorplant. Armando Testa S.p.A.
WWF. Campanha para a WWF Dinamarca: UncleGrey. Fotografia do urso-polar: thelearnr@flickr. Fotografia do chimpanzé: Shutterstock.

19
CONFIABILIDADE
Simulações de rostos confiáveis. Alexander Todorov, Laboratório de Cognição e Neurociência Social, Universidade de Princeton, Princeton, NJ, Estados Unidos.

20

RUPTURA E REFORMULAÇÃO

Lung Cancer Alliance Work. Laughlin Constable, Chicago, Estados Unidos.

Moms Demand Action. Grey Toronto. Produtor chefe de Criação: Patrick Scissons, Diretor de Arte: Yusong Zhang, Produtor: Vikki Kuzmich, Gerente de Contas: Laura Rovinescu, Companhia de Produção: Sugino Studio, Produtor: Taeko Yamanouchi, Ilustrador: Miho Matsuoka, Fotógrafo: Eden Robbins

Swiss Life. Leo Burnett, Suiça.

21

METÁFORAS

Bye Helmets. Fotógrafo: Fulvio Bonavia. Agência: 1861 United S.r.l.

Sekai. Agência: 9mm Propaganda LTDA. Fotografia: Alexandre Crespo, shutterstock.com.

Where does your rubbish go? Fotógrafo: Andreas Smetana. Cliente: Keep Australia beautiful. Agência: Clemenger BBDO Sydney.

22

IMPLEMENTAÇÃO DE INTENÇÕES

Allforbear.com. WWF Rússia: Anastasia Lykina, Maria Vinokurova, Alexander Evgrafov, Victor Nikiforov. Equipe BBDO Rússia: Diretor de Criação: Nikolay Megvelidze. Redator: Evgeniy Shinyaev. Diretor de Arte: Mikhail Tkachenko. Equipe de Contas: Ekaterina Guvakova, Vladlena Obukhova, Viktoria Semikasheva, Ekaterina Chistova, Urnova Maria.

Food Safety. Departamento de Agricultura dos Estados Unidos, Centro de Controle e Prevenção de Doenças, Food and Drug Administration (FDA) e Ad Council.

How to destroy Canada's ancient boreal forest in three steps. Greenpeace.

Switch off, unplug. Campanha desenvolvida para a cidade de Durban, município de eThekwini, África do Sul.

23

RECIPROCIDADE

Hare Krishna. Ken Wolter, shutterstock.com.

24

GOD TERMS

Jack Daniel's. A exibição da propaganda da Jack Daniel's é uma cortesia da Jack Daniel's Properties, Inc. Jack Daniel's é uma marca registrada da Jack Daniel's Properties, Inc. Diretor de Arte: Helms Workshop

25

SEXO

Old Khaki. Agência: Foxp2 Advertising. Diretores de Criação: Justin Gromes e Andrew Whitehouse.

Razor for young men. Agência: BEI Confluence, Nova Delhi, Índia. Anunciante: Glide. Marca: Glide Razor. Diretor de Arte: Sonu Chandra. Redator: Manish Ranjan. Fotografia: Nitesh Chakravarti. Atendimento ao Cliente: Vineet Singh. Mídia: Impressa (pôster). Setor: Saúde e beleza. Idioma: inglês. Título e texto: Most young women prefer clean shaven men.

26

AUTORIDADE

Sun. Agência: Alfred. Criadores: Aad Kuijper e Patrick de Zeeuw.

Kent. Imagem da coleção da Universidade de Stanford (tobacco.stanford.edu).

More doctors smoke Camels. Imagem da coleção da Universidade de Stanford (tobacco.stanford.edu).

TAG Heuer. Cliente: Tag Heuer. Desde 2009, Leonardo DiCaprio é o embaixador da marca suíça de relógios de luxo TAG Heuer. Juntos, eles apoiam as organizações ambientais Green Cross International e NRDC.

27

PERSPECTIVA DE PERDA OU GANHO

Adesf. Campanha criada pela NEOGAMA/BBH para a Adesf.

Stivoro. Cliente: Stivoro. Diretor de Criação: Tom Ormes. Redator: Tom Ormes, Axel van Weel. Diretor de Arte: Glenn Doherty. Retoques: Magic Group.

Stop smoking, start repairing. Comunidade da Austrália, por meio da Agência Nacional de Prevenção à Saúde Australiana.

28
RECENTICIDADE E PRIMAZIA
Ilustração. andrews:degen.

29
APELO AO MEDO
Dettol. Produzido para a Reckitt Benckiser pela Havas Worldwide (2008).
Don't talk while he drives. DDB Mudra Bangaluru.

30
DUPLA LINGUAGEM
Newport. L&M. Salem. Lucky Strike. Todas as imagens são da coleção da Universidade de Stanford (tobacco.stanford.edu).

31
PROJEÇÃO

32
PORTA NA CARA
Fight or buy bonds. Imagem cedida pela biblioteca digital Documenting the American South, da Universidade da Carolina do Norte em Chapel Hill.
Ilustração. andrews:degen.

33
MENSAGENS SUBLIMINARES
Vídeo da campanha eleitoral de George W. Bush. Imagens tiradas do You Tube (pesquisar por: *Bush campaign 'rats' subliminal message*).

Leitura recomendada

Abaixo, uma seleção adicional de livros interessantes relacionados a persuasão, psicologia, publicidade, comunicação, design, retórica e semiótica.

Barthes (1972). *Mythologies* (edição em português: *Mitologias.* Rio de Janeiro, Difel, 1972)

Berger (1972). *Ways of seeing* (edição em português: *Modos de ver.* Rio de Janeiro, Rocco, 1999)

Cairo (2013). *The functional art: An introduction to information graphics and visualization.*

Carnegie (1998). *How to win friends & influence people* (edição em português: *Como fazer amigos & influenciar pessoas.* São Paulo, Companhia Editora Nacional, 2012)

Cialdini (2008). *Influence: Science and practice* (edição em português: *As armas da persuasão: Como influenciar e não deixar influenciar.* Rio de Janeiro, Sextante, 2012)

De Bono (1999). *Six thinking hats* (edição em português: *A técnica dos seis chapéus: O pensamento criativo na prática.* Rio de Janeiro, Ediouro, 1996)

Fennis e Strobe (2010). *The psychology of advertising.*

Gass e Seiter (2013). *Persuasion: Social influence and compliance gaining.*

Hall (2012). *This means this, this means that* (edição em português: *Isto significa isso, isso significa aquilo: Guia de semiótica para iniciantes.* São Paulo, Rosari, 2008)

Hill e Helmers (2004). *Defining visual rhetorics.*

Johnson (2012). *Problem? Solved!*

Joost e Scheuermann (2008). *Design als Rhetorik.*

Klaus Sachs-Hombach (HRSG.) (2005). Bildwissenschaft: Zwischen Reflexion und Anwendung.

Kress e Leeuwen (2006). *Reading images: The grammar of visual design.*

Leborg (2006). *Visual grammar* (edição em português: *Gramática visual.* São Paulo; Barcelona, Editora Gustavo Gili, 2015)

Lidwell, Holden e Butler (2003). *Universal principles of design* (edição em português: *Princípios universais do design.* Porto Alegre, Bookman, 2010)

Lieberman (2011). *Get anyone to do anything: Never feel powerless again – with psychological secrets to control and influence every situation* (edição em português: *Qualquer um pode fazer qualquer coisa: Aprenda a ser bem-sucedido diante de qualquer situação.* Osasco, SP, Novo Século, 2006)

McLuhan (1967). *The medium is the massage* (edição em português: *O meio é a massagem.* Rio de Janeiro, IMA, 2011)

Messaris (1997). *Visual persuasion: The role of images in advertising.*

Norman (2002). *The Design of everyday things* (edição em português: *O design do dia-a-dia.* Rio de Janeiro, Rocco, 2006)

O'Shaughnessy (2003). *Persuasion In advertising.*

Packard (1957). *The hidden persuaders* (edição em português: *A nova técnica de convencer.* São Paulo, IBRASA, 1980)

Perloff (2010). *The Dynamics of Persuasion: Communication and attitudes in the 21st Century.*

Pratkanis (2007). *The science of social influence: Advances and future progress.*

Pratkanis e Aronson (2001). *Age of propaganda: The everyday use and abuse of persuasion.*

Reichert e Lambiase (2002). *Sex in Advertising - Perspectives on the erotic appeal.*

Rose (2007). *Visual methodologies: An introduction to the interpretation of visual materials.*

Underhill (2008). *Why we buy: The science of shopping* (edição em português: *Vamos às compras!: A ciência do consumo.* Rio de Janeiro, Campus, 2001)

Weinschenk (2011). *100 things every designer needs to know about people.*

Williamson (1978). *Decoding advertisements: Ideology and meaning in advertising.*

Um agradecimento especial a
Dagan Cohen
Christian Degen
Christiaan van Dokkum
Claudio Garcia
William Griffioen
Kinkerstraat
Ralf Mitsch
Robert Nakata
Bernice Plant
Olivia Reschofsky
Iskander Smit
Chris Vermaas
Rudolf van Wezel

... e, claro, um sonoro "muito obrigado" a todas as agências, marcas e organizações que nos permitiram usar suas belas imagens

... e, por último, mas não menos importante, obrigado a nossa família, amigos e pessoas queridas.